Savvas Xiros
Guantanamo auf griechisch

Sei stark!

Mit lieben Grüssen,

Savvas Xiros

Guantanamo auf griechisch

Zeitgenössische Folter im Rechtsstaat

Übersetzung aus dem Griechischen
Heike Schrader

PAHL-RUGENSTEIN

Pahl-Rugenstein Verlag Nf. GmbH
Breite Str. 47   53111 Bonn
Tel. 0228/632306   Fax 0228/634968
email: info@pahl-rugenstein.de
www.pahl-rugenstein.de

Copyright © Savvas Xiros 2006
Originaltitel:
Σάββας Χηρός
Η Μέρα Εκείνη...

Copyright © by Pahl-Rugenstein Verlag 2007

ISBN   978-3-89144-394-1

Übersetzung aus dem Griechischen: Heike Schrader

Druck: SOWA, Warschau

Inhalt

Einführung 9
Vorwort 17
Widerwort 22

Das letzte Licht
Morgen 24
Mittag 24
Nachmittag 25
Abend 25

Finsterer Durchgang
Ein-geliefert 26

EINSCHUB
Bestrebungen und Begründungen
Eine reale Szene... 26
Und ein hypothetisches Meeting ... mit realen Entscheidungen 27

Erwachen
Eine andere Welt 37
Ins Bild gesetzt 39

Ratschläge
Anfang der '60er 41

Der Arzt und die Arznei
Diener und Zofen 42
Die Bereitwilligen 43
Aus Versehen 45
Ein seltsamer Psychiater 47
Gaskammer 49

Bis du die andere Seite erreichst
Herbst '72 50

Die beiden Besuche
Wellen und Fluktuationen 51
Der Herr Chefarzt 53

Die Dosis wird erhöht 54
Der finstere Raum 55
... und der finstere Typ 56

Rekrutierung
Juli '74 56

Lange Nacht Teil 1
Risse und Grenzen 59
Eine andere Methode 59
Rekrutierung von Wahnvorstellungen 62
Das Ende, das nicht eintritt 62

Die andere Sichtweise
Frühling '77 64

Lange Nacht Teil 2
Implantation 66
Unter Aufsicht 67
Im Vollbesitz der geistigen Kräfte 69
... und ruhigen Gemüts 69
Der Plausch beginnt 71

Auf Samtpfoten
Dezember '82 72

Die Furcht und die Schläfrigkeit
Scheinhinrichtung 73
Beileidskomitee 75
Mit allen Mitteln 76
Schrittweise Suggestion 77
Umzingelung 78

Freunde und Verbündete
Anfang der '80er 80

Der Gute und der Böse
Ein anderer Mensch 81
Pro-Forma 82
Kurz-Schluss 84

Märtyrer
Um '83 87

Vertauschte Rollen
Scripta manent 88
Der Kramladen des Kommissar Giannis... 89
... der ins Leere fällt 91

Abrechnung
Offene Angelegenheiten 93
Verantwortung 94
Kurz vor '85 94

Umzug
Die richtige Vorbereitung... 95
... und das »krankenhäusliche« Umfeld 97

Die Offenbarung
Sonderzimmer 99
Ein Vorzeige-Staatsanwalt 100
Und alles bleibt beim alten 102
Vorsätzlich 104
Anfang der '90er 104

Die Authentizität der Unterschriften Teil 1
Die Wohltäter 105
Einwände 107
Weinendes Lachen 109
Bewusstseinsveränderung 111
Mitte der '90er 111

Die Authentizität der Unterschriften Teil 2
Der Patron der Patrone 113
... und das Ungetüm 114
Das Gesetz über alles 115

Zimmer 1031
12. Juli und später 117

Verwüstetes Land
Sommer 2001 121

Der Herbst ist gekommen
Entlassung 123

Das Ende einer Epoche
September 2002 125

Nachwort 126

Juristische Nachbemerkungen 128

Einführung

Als am 29. Juni 2002 eine Bombe in den Händen von Savvas Xiros, Ikonenmaler, Pfarrerssohn und Autor dieses Buches, explodierte, läutete dies das Ende einer fast 30-jährigen Geschichte des bewaffneten Kampfes in Griechenland nach der Militärdiktatur (1967-74) ein.

Angefangen hatte alles am 23. Dezember 1975. Die bis dahin unbekannte »Revolutionäre Organisation 17. November«, kurz »17N« erschoss den Sekretär der US-amerikanischen Botschaft und Verantwortlichen der CIA in Athen, Richard Welch, vor seinem Haus im Norden Athens. In der Erklärung zu dem Anschlag, die am 26. Dezember in der griechischen Tageszeitung »Elefterotypia« (Pressefreiheit) abgedruckt wurde, bezeichneten die Täter den »amerikanischen Imperialismus« als Verantwortlichen für unzählige Verbrechen am griechischen Volk, darunter den Sturz der Regierung Papandreou 1965, den Putsch und die Unterstützung der Militärdiktatur sowie den Einmarsch der Truppen der Türkei auf Zypern im Juli 1974.

Eine der wichtigsten Parolen der Studenten, die im November 1973 aus Protest gegen die Militärdiktatur in Griechenland das Polytechnikum in Athen besetzten, war die Forderung »Amerikaner raus aus Griechenland«. Sowohl mit ihrem Namen – die Besetzung wurde von Panzern des Regimes am 17. November 1973 blutig beendet –, als auch mit ihrem Anschlag wollte die Organisation an die noch immer unerfüllte Forderung »des Aufstand des griechischen Volkes« anknüpfen.

Der Sturz der Militärdiktatur hatte zunächst auch die Auflösung aller bewaffnet gegen die Junta kämpfenden Organisationen zur Folge. Die Hoffnungen der Bevölkerung auf eine Demokratisierung der Gesellschaft und die vollständige Auflösung aller parastaatlichen Strukturen wurde von der konservativen Nea Dimokratia-Regierung unter Ministerpräsident Konstantinos Karamanlis jedoch enttäuscht. Wichtige Drahtzieher der Diktatur behielten Schlüsselstellungen im neuen bürgerlich-demokratischen Staatsapparat, bekannte Folterer blieben straflos. Die Gründung der 17N knüpfte unmittelbar an das in der griechischen Bevölkerung weitverbreitete Verlangen nach Gerechtigkeit und demokratischem Wandel an und vor allem an die Forderung, alle Juntaschergen zur Verantwortung zu ziehen. Die Herstellung von Gerechtigkeit, die das System verweigerte, gehört zu den stärksten Motiven der Organisation in ihrer gesamten 27jährigen Geschichte. So verübte die 17N in den folgenden Jahren Anschläge auf verschiedene Agenten der amerikanischen und britischen Geheimdienste in Griechenland sowie auf Angehörige der griechischen Geheimdienste und Sondereinheiten, wie den für seinen Einsatz als Folterer während der Diktatur berüchtigten Polizeioffizier Evangelos Mallios. Umfragen aus jenen Jahren zeigten eine breite Zustimmung innerhalb der Bevölkerung für die Aktionen der Organisation. Bekannte Persönlichkeiten äußerten sich öffentlich zustimmend zu Anschlägen der 17N.

Als 1981 die »Panhellenische Sozialistische Bewegung« (PASOK) die Regierung übernahm, hofften viele auf einen Systemwandel in Richtung Sozialismus. Ohne den linken Phrasen der Regierung Andreas Papandreou zu trauen, stellte die 17N für zwei Jahre ihre Aktionen ein. Die Hoffnungen der Bevölkerung wurden jedoch rasch enttäuscht. Statt in Richtung Sozialismus zu marschieren, etablierte sich Griechenland unter Andreas Papandreou als verlässlicher Partner westlicher Kapitalinteressen. Anstatt wie versprochen, die Militärbasen der US-Amerikaner zu schließen, übernahm man mehr Verantwortung in der NATO und auch die Mitgliedschaft in der Europäischen Union wurde nicht in Frage gestellt.

Innenpolitisch instrumentalisierte die PASOK den gesamten Staatsapparat für die eigene Klientel. In fast 20 Jahren PASOK-Regierung wurden nicht nur die vorhandenen Stellen im öffentlichen Dienst mit Parteigängern besetzt, sondern zehntausende Verwaltungsstellen für Inhaber des PASOK-Parteibuchs neu geschaffen. Korruption und Vetternwirtschaft unter dem Deckmantel linker Phraseologie waren die Markenzeichen der PASOK-Politik. Eine Reihe von Skandalen, in die führende Politiker der PASOK zusammen mit Großindustriellen verwickelt waren, bildeten die Spitze des Eisberges und führten Anfang der 90er zu einer dreijährigen Verdrängung der PASOK aus der Regierung.

Vor diesem Hintergrund waren ab etwa Mitte der 80er Jahre nicht mehr nur ausländische Geheimdienste und griechische Anhänger der Militärdiktatur erklärte Ziele der Organisation. Die Anschläge der 17N richteten sich nun auch gegen griechische Industrielle, verantwortlich für unzählige Tote durch sogenannte Arbeitsunfälle, Besitzer von Massenmedien und gegen in die zahlreichen Skandale verwickelten Politiker. Massive Versuche die Organisation als gemeingefährlich darzustellen schlugen fehl. Aus den Reihen der »Normalbürger« fühlte sich fast niemand durch die Anschläge der

17N bedroht, die in Umfragen bei 20 bis 30 Prozent der Bevölkerung auf Sympathie stießen. Vier Prozent der Bevölkerung identifizierten sich danach sogar vollständig mit den Zielen und Methoden der Organisation. Ähnlich wie in Spanien wurde versucht, durch den Aufruf zu Massendemonstrationen, die Stadtguerilla zur Selbstauflösung zu bewegen. Solchen Aufrufen folgten jedoch regelmäßig lediglich wenige Dutzend Menschen und nicht etwa die Million an Demonstranten, die die Organisation in einer Erklärung zur Messlatte einer Selbstauflösung gemacht hatte.

Zwischen den Jahren 1975 bis 2002 verübte die 17N 19 Anschläge auf Personen und mehr als 80 Anschläge mit Bomben und Raketen auf Gebäude. In 40 der etwa 75 von der Organisation veröffentlichten Erklärungen übernahm sie die Verantwortung für diese Anschläge, die anderen beschäftigen sich allgemein mit nationalen und internationalen politischen Themen. Darüber hinaus gehen auf das Konto der 17N zahlreiche Banküberfälle zur Deckung der Logistik der Organisation und Einbrüche in Kasernen und Waffenlager der griechischen Armee – darunter der Diebstahl eines Raketenwerfers aus dem Kriegsmuseum in Athen. Neben der Herstellung von Gerechtigkeit ging es der Organisation darum zu zeigen, dass »das System nicht unverwundbar ist«, sondern auch mit einfachen Mitteln erfolgreich angegriffen werden könne. Um es mit den Worten von Dimitris Koufodinas, der zusammen mit Savvas Xiros vor Gericht die politische Verantwortung für die Taten der Organisation übernahm, auszudrücken: »Die 17N nahm teil an diesem gesellschaftlichen Krieg, der lange vor uns begann und andauern wird, solange gesellschaftliches Unrecht und Ausbeutung existieren. Wir hatten nicht die Illusion, dass wir mit unserem Handeln den Aufbau einer umfassenden, ausformulierten und exklusiven Strategie zum Sturz des Kapitalismus in Angriff genommen hätten. Wir haben unsere Rolle nicht überbewertet, nicht angenommen, dass wir das Zentrum oder die erleuchtete Führung der Bewegung seien. Wesentliche Seite unserer Strategie war es, in den Teilbereich der ideologischen Begriffsbildung einzugreifen, damit von breiteren gesellschaftlichen und politischen Kräften die differenzierte und ausformulierte politische Strategie herausgearbeitet und entwickelt werden kann, die für den gesellschaftlichen Wechsel notwendig ist. Unsere Aktionen und Texte hatten zum Ziel, dafür zu sorgen, dass die gesellschaftlich Handelnden die Realität mit den wahren Begriffen analysieren können, die Wurzeln der Probleme und ihre Ursachen aufzudecken, dem herrschenden und organisiert produzierten und reproduzierten kapitalistischen und imperialistischen Lügengebilde Schläge zu versetzen.

Die Praxis der Organisation in ihrer Gesamtheit hatte in diesem Sinne politische Resultate, die ihren Einfluss auch auf die Zukunft haben werden, unabhängig davon, wer sie erzeugt hat: das Aufzeigen und die Herstellung des Zusammenhangs zwischen Korruption und der Natur des Gesellschaftssystems; die Wiederherstellung und Betonung des Begriffs des gesellschaftlichen Unrechts. Das kontinuierliche Aufdecken der Verbrechen der US-Amerikaner und des brutalen Gebrauchs des ›Recht des Stärkeren‹ in den internationalen Beziehungen, besonders im ungünstigen nationalen und internationalen Klima der 80er. Das Aufzeigen der Notwendigkeit für eine tatsächliche Praxis in Richtung auf reale und nicht vorgespiegelte Freiheit, Gerechtigkeit und Demokratie. Die Aktion selbst, die, neben ihren unmittelbaren Resultaten, zum Ziel hatte, bei den Machtlosen der griechischen Gesellschaft die Abkehr von Schicksalsergebenheit und Verlierermentalität zu bewirken, durch die ständige Erinnerung und den Beweis, dass David den Goliath besiegen, dass der Schwache den Starken zum Wanken bringen kann.« (Auszug aus der Schlussrede von Dimitris Koufodinas vor dem Berufungsgericht im »Fall 17N« am 15. Januar 2007.)

Alle Anschläge der 17N richteten sich auf klar eingegrenzte Ziele, nie wurden von der Organisation »Unbeteiligte« ins Visier genommen. Die meisten der Bombenanschläge hatten reine Sachschäden zum Ziel, was die Organisation durch Anrufe bei Polizei und Medien in ausreichendem Abstand vor der Explosion absicherte. Ein einziges Mal in der Geschichte der 17N wurde 1992 bei einem Bombenanschlag ungewollt ein Passant getötet, wofür sich die Organisation umgehend in einer Erklärung bei der Familie des Opfers entschuldigte.

Bei einem Schwerpunkt auf innergriechische Themen verübte die Organisation auch Anschläge gegen Einrichtungen imperialistischer Staaten auf griechischem Boden. Zwei ihrer Aktionen hatten deutsche Einrichtungen zum Ziel. So bombardierte die 17N 1991 wegen der deutschen Teilnahme am Krieg gegen den Irak die Büros der Firma Siemens im Athener Stadtteil Maroussi. Anlass für die Rakete der Organisation auf das Haus des deutschen Botschafters in Athen im Jahre 1999, bei der Savvas Xiros verletzt wurde, war dagegen die Teilnahme der Bundesrepublik an der Bombardierung Jugoslawiens.

Alle Versuche der griechischen Polizei und der Geheimdienste, die Mitglieder der »Revolutionären Organisation 17. November« zu enttarnen und die Verantwortlichen für die Anschläge zu verhaften, blieben trotz tatkräftiger Unterstützung zahlreicher ausländischer Geheimdienste erfolglos. Auch die umgerechnet mehr als 6 Millionen Euro an Kopfgeldern, ausgesetzt für Hinweise zur Ergreifung von Mitgliedern der 17N, brachten kein Ergebnis. Die Erfolglosigkeit der Fahndung nach den Mitgliedern der Organisation führte zu zahlreichen Spekulationen und Theorien über die Verwicklung von Geheimdiensten in die Anschläge oder hochrangigen Unterstützern der Organisation aus Politik und Industrie. Favorit der Verdächtigen war ein bekannter griechischer Industrieller, dem in unregelmäßigen Abständen auch immer wieder enge Kontakte zur zum MfS der DDR nachgesagt wurden. Mitglieder der konservativen Nea Dimokratia mutmaßten, dass die Organisation über Kontakte in führende Zirkel der langjährigen Regierungspartei PASOK verfüge. Zwei Dinge hatten diese Theorien jedoch gemeinsam: Alle dienten sie jeweils bestimmten Interessen ihrer Schöpfer und keine von ihnen konnte ihre Glaubwürdigkeit durch Beweise verstärken. Im Zuge der Ermittlungen rund um die Festnahmen diverser als Mitglieder der 17N Verdächtiger im Sommer 2002 flog letztendlich auch die Haltlosigkeit der jahrzehntelang gepflegten Theorien und Spekulationen auf.

Im Juni 2002 führte das »Warten auf einen schicksalhaften Fehler«, wie die Ermittlungsbehörden letztendlich selbst ihre Strategie bezeichneten, schließlich zum Erfolg. Beim Versuch ein Verkaufsbüro einer Schifffahrtsgesellschaft im Hafen von Piräus in die Luft zu sprengen, explodierte am 29. Juni eine Bombe aus 750gr Sprengstoff vorzeitig in den Händen von Savvas Xiros. Der Anschlag war gedacht als ein Beitrag zum Streik der griechischen Hafenarbeiter, der von der Regierung zugunsten der griechischen Schifffahrtsgesellschaften gewaltsam niedergeschlagen und durch die Dienstverpflichtung der Seeleute beendet worden war.

Mehr tot als lebendig wurde der verletzte Stadtguerillero in ein Krankenhaus im Zentrum Athens verbracht, das man sofort in eine Festung verwandelte. Während seines 65tägigen Aufenthaltes auf der Intensivstation wurde er, an Händen und Füssen gefesselt, nackt und in fast völliger Dunkelheit, mit verbunden Augen und unter dem Einfluss starker Psychopharmaka, kaum aus dem Koma erwacht und zwischen Leben und Tod schwebend, von Personen verhört, die ihre Identität zunächst geheim hielten. An der

»Behandlung« beteiligt waren neben griechischen Ärzten Verhörspezialisten ausländischer Geheimdienste, die Krankenakte, Medikation und medizinische Geräte für ihre Zwecke nutzten.

Die ersten 40 Tage teilte man ihm keine Anklage mit, niemand stellte klar, ob er als Beschuldigter, Zeuge oder Verdächtiger verhört wurde. Die Verhöre fanden ohne Beisein eines Anwaltes statt, trotzdem protokollierte man alles, was man aus den wirren Äußerungen des Schwerverletzten auf der Intensivstation herauslas und fasste dies in eine offizielle Aussage für den Rechtsgebrauch zusammen.

Zeugen, die nach einer anfänglichen Totalisolation für kurze Besuche den Verletzten zu Gesicht bekamen, beschreiben einen Menschen, der keineswegs im Besitz seiner geistigen Kräfte war, geschweige denn einem Verhör hätte unterzogen werden dürfen. So bezeichnet ein Anwalt, der 45 Tage nach der Explosion zu Savvas Xiros ins Krankenhaus gelassen wurde, den Verletzten als im Zustand eines »fünfjährigen Kindes mit Down-Syndrom«. Seine Lebensgefährtin Alicia Romero, die Savvas 12 Tage nach seiner Einlieferung für fünf Minuten besuchen durfte, sah sich einem Menschen mit völlig veränderter Persönlichkeit und unter dem klaren Einfluss von Psychopharmaka gegenübergestellt. Alle Versuche von Alicia Romero, der Öffentlichkeit die Umstände der Verhöre ihres Lebensgefährten bekannt zu machen, trafen auf die geballten Verleumdungen und Angriffe der griechischen Massenmedien.

Im September 2002, kaum aus dem Krankenhaus ins Gefängnis verlegt, deckte Savvas Xiros mittels Telefonaten an verschiedene Medien die Umstände seiner Verhöre auf der Intensivstation auf und nahm bei seinem ersten Verhör vor dem Untersuchungsrichter die dort gemachten Aussagen als Produkte von Folter, konstruiert und gelogen zurück. Inzwischen hatten die Behörden jedoch weitere der Mitgliedschaft in der Organisation Verdächtigte verhaftet und zwei konspirative Wohnungen entdeckt. In den auf die Explosion folgenden Wochen überschlugen sich die Medien in einer Schlammschlacht gegen die von vornherein als »Terroristen« und »schuldig« gebrandmarkten Verhafteten, sowie mit Ankündigungen weiterer »Fahndungserfolge«.

Am 3. März 2003 wurde vor dem Kriminalgericht im eigens dafür umgebauten Frauengefängnis in Korydallos, einem Stadtteil von Piraeus der Prozess gegen insgesamt 19 Verdächtige der »Revolutionären Organisation 17.

November« eröffnet. In fast 9 Monaten Gerichtsverhandlung wurde gegen die 19 Angeklagten vor allem wegen Mord, versuchtem Mord, Bomben- und Raketenanschlägen, Bankraub, bewaffnetem Raub, illegalem Waffenbesitz und Mitgliedschaft in einer kriminellen Vereinigung verhandelt.

Die der Anklage zur Verfügung stehenden Indizienbeweise waren kläglich dünn und zweifelhaft: einige Schlüssel zu konspirativen Wohnungen der Organisation, ein paar Fingerabdrücke meist auf beweglichen Gegenständen aus diesen Wohnungen und das Kassenbuch der Organisation, in dem hinter abgekürzten Kodenamen Beträge notiert waren. Angesichts der unzureichenden Beweismittel, stütze sich die Anklage in ihren Plädoyers in hohem Maße auf die Aussagen der Angeklagten gegenüber der Polizei und dem Untersuchungsrichter vor Beginn des Prozesses.

Die meisten der Angeklagten, hatten wie Savvas Xiros jedoch ihre früheren Aussagen als unter Zwang zustande gekommen widerrufen, lediglich drei Angeklagte standen zu ihren Aussagen. Im Laufe des Prozesses entwickelten sie sich zu den Hauptzeugen der Anklage. Für eine Verurteilung ist jedoch nach griechischem Recht je nach Auslegung des entsprechenden Paragraphen die Belastung durch Mitangeklagte verboten, zumindest aber nicht hinreichend.

Savvas Xiros, der eine Mitgliedschaft in der 17N nie geleugnet hatte und zusammen mit Dimitris Koufodinas die politische Verantwortung für die Organisation übernahm, war zwar den Prozess über im Gerichtssaal anwesend, zu einer aktiven Teilnahme am Prozess oder gar einer Verteidigung war der fast blinde, taube und an schweren Schäden des zentralen Nervensystems leidende Angeklagten natürlich nicht in der Lage.

Mitte Dezember 2003 wurde das Urteil im »Fall 17N« verkündet. Hauptsächlich gestützt auf die Aussagen der Angeklagten - das Gericht hatte die Einsprüche aller Angeklagten gegen die Verwendung der ihnen abgezwungenen Aussagen abgelehnt - wurden sechs Angeklagte, darunter Savvas Xiros zu (mehrmals) lebenslänglich Gefängnis verurteilt. Weitere neun Angeklagte, darunter die drei Kronzeugen bekamen Strafen von 8 bis 25 Jahre Gefängnis. Vier Angeklagte, darunter die einzige Frau, wurden freigesprochen. Zu der Verwertbarkeit der Aussagen von Savvas Xiros auf der Intensivstation heißt es in der Urteilsbegründung: »... angesichts des kritischen Zustandes und der Gefahr, daß er nicht überlebt, gelangten sie (die Ermittlungsbehörden; d. Üb.) zu der Erkenntnis, dass man mit ihm kommunizieren müsse, um Indizien zu sichern, die zur Aushebung der Organisation führen würden.«

Die in erster Instanz verhängten Strafen wurden mit unwesentlichen Änderungen im Berufungsverfahren, dass im Jahre 2006 stattfand, bestätigt. Eine Urteilsbegründung stand bei Drucklegung des vorliegenden Buches noch aus.

Heute, fünf Jahre nach der Explosion sitzt Savvas Xiros, fast blind, fast taub, mit weiteren offensichtlich schweren gesundheitlichen Problemen, ohne die Fähigkeit auch nur die einfachsten täglichen Verrichtungen selbst durchzuführen zusammen mit den anderen im »Fall 17N« Verurteilten in einem Hochsicherheitsgefängnis in Isolationshaft. Die Haftbedingungen verschlechtern seinen Gesundheitszustand fortlaufend, die ursprünglich verbliebene geringe Sehkraft auf dem rechten Auge hat er durch mehrfache Netzhautablösungen fast vollständig verloren. Jeder seiner Anträge auf Verlegung in ein Krankenhaus oder auf Unterbrechung der Strafe, um eine Behandlung zu ermöglichen, wurden jedoch abgelehnt. Erst im März 2007 entschied der Europäische Gerichtshof für Menschenrechte dem griechischen Staat nicht die sofortige Verlegung von Savvas Xiros in ein Krankenhaus zu empfehlen, noch bevor diesem überhaupt die anwaltliche Begründung des entsprechenden Eilantrags zugegangen war.

Heike Schrader

Athen, Oktober 2007

Vorwort

Wenige Zeilen, ein undeutliches Bild des Verhörzimmers im Krankenhaus, Erinnerungen, die ein blasses Licht werfen, und vielleicht einige der dort erlebten außergewöhnlichen Geschehnisse einprägen, so wie die Wunden in meinen Körper geprägt sind. Extreme Erfahrungen, die niemals durch das Lesen eines Buches begriffen werden können, sondern nur dadurch, dass man sie wie ein Versuchstier durchmacht, dass man sie selbst erlebt; und die sich dennoch nur schwer mit Worten ausdrücken lassen, weil es im Leben keine vergleichbaren Begriffe gibt, mit denen sie ausgedrückt werden könnten; diese Erfahrungen sind die unwiderlegbaren Beweise, die nicht zu widerlegenden Zeugen, für das, was auf der Intensiv-Verhör-Station vor sich gegangen ist.

Wenige Zeilen über jene Tage auf der Intensivstation, über jene Erlebnisse, die nur mit dem Abstand von zwei Jahren niedergeschrieben werden konnten. Zwei Jahre, in denen die Erinnerung vor der Trübung durch äußere Einflüsse, durch Theorien und Gerüchte geschützt werden musste, in denen sie ein feines Sieb passierten, bis Ideen, Ansichten, Meinungen von echten und selbsternannten Spezialisten aussortiert werden konnten und nur die irreale Realität, die unlogische Logik jener Tage übrig blieb.

Ein Zeugnis für ein Verhör vom Typ Mengele, das auf das Innerste der eigenen Existenz zielt, wo mit arglistigen Mitteln die Urteilsfähigkeit beeinflusst und aufgehoben, mit unheiligen Methoden zugeschlagen wird, um den Willen zu zerstören, ihn zu bezwingen und ihn auf Pfade zu lenken, die er nie begehen wollte.

Dort, wo eine Werbung, eine Kampagne im Wahlkampf ansetzt, eine bewusstseinsverändernde Substanz oder Verheißung wirken, wo die Drogen zerfressen, die Wahnbilder der Abhängigen, gemeinsam oder einzeln eine andere, viel plastischere Realität im Innersten der Existenz, im Willen erzeugen, dort, im Kern der Existenz setzt auch die moderne Verhörmethodik an. Und dort steht der ihr Unterzogene tiefer als ein willenloses Tier, der keine Möglichkeit zur Kontrolle der Vorgänge hat, nichts in Frage stellen kann, kein Recht zur Verweigerung oder Wahl besitzt.

Doch es gibt eine Ebene noch tiefer. Dort steht derjenige, der sich ohne Scham fragt, ob mit solchen Methoden die Wahrheit ans Licht gebracht werden kann und zugunsten der auf dem Spiel stehenden Interessen seine eigene Urteilsfähigkeit anzweifelt. Denn es gibt nichts Unlogischeres, nichts Irrealeres als den lebendigen realen Alptraum, hervorgerufen durch die Folter bei der das Gehirn plastische Wahnzustände konstruiert. Es gibt nichts unmenschlicheres, als eine Argumentation, die der Folter ein Alibi verschaffen will. Diese Argumentation wird seit zweieinhalb Jahrtausenden, seit Aristoteles verworfen, der den Gebrauch von Gewalt bei der Wahrheitsfindung ausschließt und Antifontas, der erklärt, dass der Gefolterte stets das aussagen wird, was sein Folterer hören will.

Dafür gibt es keine Ausnahme, schon gar nicht, wenn das Gehirn mit modernen wissenschaftlichen Methoden beeinflusst wird. Solche, wie die auf der Intensivstation im Krankenhaus Evangelismos angewandten, bei denen das heutige Verständnis auch die Aufzeichnung per Video gebot und solange die existiert, ist es nicht nur heuchlerisch, sondern dient bestimmten Interessen, ein solches Dokument zu ignorieren.

Bis diese Aufzeichnungen ans Licht kommen, ist jede Theorie, jedes Szenario, jede Interpretation der Geschehnisse jener Tage, jede Erweiterung nach der einen oder der anderen Seite, weit entfernt davon, die Wahrheit zu ergründen, da keine von ihnen in der Konfrontation mit den tatsächlichen Geschehnissen, mit den objektiven Aufzeichnungen, Bestand hätte.

Nur dann kann eindeutig festgestellt werden, ob und inwieweit die Ereignisse mit dem übereinstimmen, was die Folterer vorausgesehen, weitergeben oder niedergeschrieben haben. Dann wird das andere Gesicht des Staates sichtbar werden. Dann werden die Schergen des Systems, all jene, die leichten Herzens, sei es im Amt, sei es als Kommentator in den Abendnachrichten oder als unmittelbar Beteiligte ihren Anteil an der Folter hatten, Schlupflöcher suchen, in denen sie sich verbergen können. Dann kann jeder als unmittelbarer Zeuge unter Schaudern sein eigenes Urteil fällen.

Die Rückkehr aus einer derartigen Versenkung erscheint unendlich und ewig dauernd, wenn es den eine Rückkehr gibt, weil man sich fühlt wie ein Schiffbrüchiger, der schwimmt und schwimmt, und sich doch immer am gleichen Ort wiederfindet. Bis ein kleiner Funken, der niemals verlöschte, langsam aber sicher ein wenig Licht bringt, bis ein Samen, der bis gestern in trockner Erde lag, aufgeht, auf dass Jahre vergehen, damit die Bedeutungen wieder lernen auf neuen Wegen in das Gehirn einzuziehen, einem selbst die eigenen gegenwärtigen Kräfte und Schwächen bewusst werden, bis der neue

Rhythmus erlernt wurde, Jahre, in denen das Gehirn jeden Gedanken reflektiert, bis er seinen Weg gefunden hat, ausgedrückt werden kann, Jahre, die dauern solange es braucht, damit die Erinnerung lebendig bleibt.

Wenige Zeilen, einige Gedanken, ein Zeugnis der dunklen Periode jener Tage auf der Intensivstation. Tage, die sich am Ende einer Epoche und zu Beginn einer neuen, rasenden, absurden Wendung abspielen, deren extremer Ausdruck für die angestrebte vielseitige Kontrolle die unmittelbare Repression ist.

Wenn der direkte Angriff wie in Vietnam oder Irak unausweichlich ist aber verurteilt wird, ist klar, dass der Feind nur mit Hilfe eines Netzes aus einheimischen lokalen willigen Agenten bezwungen werden kann. Agenten, wie sie in jenem Sommer aus der Reserve geholt wurden, um eine offensichtliche Diktatur der Information in einer erstmalig in Erscheinung tretenden Form einer Junta durchzusetzen, die nur scheinbar untätig immer dann aus ihrer Asche aufersteht, wenn das System es gebietet.

Mit solchen Agenten fand ich mich auf der Intensivstation konfrontiert; ein kleines Steinchen vom Widerhall dieses Orkans, jedoch für meine Kräfte erdrückend, das ich aufgefordert war in jenem Sommer im Jahr 2002 auf mich zu nehmen.

Gefängnis Korydallos
28.6.2005

17. Juli 1912
Ohne fremde Hilfe befreit sich die Insel Ikaria von der Türkenherrschaft und ruft einen unabhängigen Staat aus. Gegen den Druck der Engländer und Franzosen, eine Schutzmacht zu wählen, vereint sich der junge Staat wenige Monate später mit Griechenland.

Auf dem Foto ist mein Großvater (Pfeil), Mastrodimitris Tsakalias inmitten einer Handvoll selbsternannter Revolutionäre in eben jenen Julitagen zu sehen.

Bevor 100 Jahre seit jenem Tage vergangen sind

Griechisches Parlament, 8. Februar 2005. Mit großer Mehrheit wird der neue Präsident der Demokratischen Republik Griechenland gewählt. Ein Ausschnitt der Ansprache der Parlamentspräsidentin vor den anwesenden 296 der 300 Parlamentarier am gleichen Tag beleuchtet, etwaigen verspäteten Protesten vorbeugend, auch öffentlich den Zweck eines derart breiten Konsenses.

»Herr Präsident, Sie übernehmen den Vorsitz der Demokratischen Republik Griechenland für einen Fünfjahreszeitraum, der von wichtigen Ereignissen und Entwicklungen gekennzeichnet sein wird, die europäische Vereinigung wird mit der zu erwartenden Verabschiedung der Europäischen Verfassung vorangetrieben werden. Die nationalen Grenzen und ein Teil der nationalen Souveränität werden im Namen des Friedens, des Wohlstands und der Sicherheit eines erweiterten Europas eingeschränkt, an den Menschen- und Bürgerrechte werden Veränderungen vorgenommen werden, so dass sie einerseits geschützt, andererseits den Behörden in einem bisher nicht gekannten Ausmaß aber Eingriffe in sie erlaubt werden können. Die Demokratie steht vor Herausforderungen und möglicherweise vor neuen Regierungsformen.«

Ganz offiziell wird verkündet, dass Griechenland »sich den Direktiven fügen« und an den Vorschriften in ihrer ganzen Bandbreite orientieren wird und dabei seit Jahren nunmehr sowohl nationale als auch individuelle Rechte aufgibt.

Die unaufhörliche Aggression des internationalen Kapitals fordert die Zerstörung, die Zerschlagung souveräner Staaten, gewaltvolle Regimewechsel, seinen geopolitischen Erfordernissen angepasste Grenzänderungen. Fordert von jedem Land Gehorsam beim Raub des Volkeinkommens, der Einschränkung von Errungenschaften, dem Abbau jeglicher Form des Sozialstaates, der Auflösung von Produktionsformen, dem Ausverkauf der natürlichen Reichtümer.

Wie sollte man folglich der wachsenden Welle der Empörung das Wasser abgraben, wie die wütenden Massen mit ihren Forderungen aufhalten, wenn nicht mit einer globalen Diktatur, die heute den Namen »Krieg gegen den Terror« trägt?

Einen Vorgeschmack auf die uns einmütig zugedachte finstere Zukunft, haben wir im Sommer 2002 bekommen. Damals haben wir einen Eindruck davon gewonnen, was »neue Regierungsformen« bedeuten, haben die Aufhebung der Verfassung, die Auflösung der Institutionen erlebt. Wir haben gesehen, was mit der Abschaffung jahrhundertealter Rechte durch »Eingriffe der Behörden in einem bisher nicht gekannten Ausmaß« gemeint ist, sahen die Folgen unbeschränkter und skrupelloser Einbrüche in die Privatsphäre.

Was immer in jenem Sommer geschah und bis heute verdächtigten wie unverdächtigen Bürgern angetan wird, begründet der Staat als unvermeidlich im nationalen Interesse. Wenn die Repräsentanten des Staates diejenigen sind, die sich mit solchen Aussagen hervortun und ihm mit derartigen Praktiken dienen, wer wird dann aus welchem Grund als des Hochverrats Schuldiger verurteilt?

Widerwort

Wir sind Terroristen in einer wohlgeordneten, gutregierten Gesellschaft. Aber...
Was terrorisiert die Bevölkerung? Sind es nicht die Hungerlöhne und verschwindend geringen Renten, die Teuerung? Die erdrückenden Schulden? Das in jedes Heim eindringende Finanzamt? Die Ausgrenzung der Behinderten und Schwachen? Ist es nicht der Polizist, der Heroin verkauft oder einen Demonstranten, einen Flüchtling tötet? Die Infrastruktur der Verkehrsunfälle? Die Absahner bei Staatsaufträgen? Die Seelenverkäufer der Reeder? Die Kapitalisten mit ihren Sklavenbetrieben, den Entlassungen, den Arbeitsunfällen? Ist es nicht die blinde und korrupte Justiz? Der meineidige Arzt? Der gekaufte Journalist? Der General im Dienst der fremden Macht? Der hörige Politiker?

Vielleicht ist es gerade nicht das, was alle, die für all das verantwortlich sind, einhellig als Terrorismus bezeichnen?

Wir sind Terroristen in einem demokratischen System. Aber...
Die Repression und die Terrorgesetze, die politischen Gefangenen im Land des »goldenen Zeitalters der perikleischen Demokratie«, die Plünderung des öffentlichen Vermögens für die olympischen Feierlichkeiten, die Soldaten auf den Straßen, die Überwachungskameras und das Tränengas, die politischen Prozesse, die speziellen Vernichtungszellen, die Folter, der Europäische Haftbefehl, die Speicherung biometrischer Daten, die Vorherrschaft der Polizei gegenüber ausnahmslos allen Gesetzen und Werten, die Kriminalisierung Drogenabhängiger, Obdachloser, Ausgegrenzter, die Get-

toisierung all derjenigen, die keinen Platz an der Sonne beanspruchen können, im Namen einer sauberen Gesellschaft, was sind sie anderes als eine tief verwurzelte Diktatur? Was zeigen sie anderes als den Verfall und die Ausweglosigkeit des Systems, das mit allen Mitteln um sein Überleben kämpft?

Wir sind Terroristen in einem unabhängigen Land. Aber...
Warum sollte jeder Boshafte zur Gewalt greifen, wenn Quislinge regieren? In einem Land, dass täglich kapituliert.

Das sklavisch den Vorgaben der Europäischen Union folgt, sich den Anordnungen der USA unterwirft, den Forderungen der Nachbarländer nachgibt. Mit einer unabhängigen Wirtschaftspolitik, wo das Eine von der EU verboten, das Andere von der Weltbank vorgegeben und ein Drittes vom Internationalen Währungsfonds angewiesen wird. In einem souveränen Staat, der von ganz allein seine Produktion von Industrie bis zum Agrarsektor schwächt und zerstört. Der ohne Bombardierungen dem Erdboden gleichmacht, ohne Invasion zersprengt, ohne Angriff zurückweicht, sich ohne Besatzung unterordnet. Der die weiße Fahne hisst, ohne dass ihm der Krieg erklärt wurde. Der lässig und den Verantwortlichen dankend die Niederlagen einsteckt. Der ohne Zögern erniedrigende Verträge unterschreibt, Grundbesitz ausliefert für Militärbasen – Stützpunkte des Feindes. Der ohne jede Scham würdelose Abkommen zeichnet, der internationalen ökonomischen Diktatur Land und Wasser ausliefert. Der unaufhörlich und wahllos Darlehen aufnimmt, sich tiefer und tiefer unterjochen lässt. Je mehr das Gespenst der Überschuldung unsere Zukunft überschattet, umso deutlicher spürt jeder die Besatzung am eigenen Leib.

Wir sind Terroristen in einer Welt des Friedens und der Sicherheit. Aber...
Die selbsternannten Garanten der Sicherheit und Boten des Friedens haben beschlossen, dass eins von drei Ländern der Welt ein Paria ohne Recht auf Leben ist. Die Achse des Bösen, die dem Wohlstand des Westens dient. Die Schurkenstaaten, Zielscheibe von humanitären Bombardements, Präventivkriegen zum Wohle des Römischen Friedens und der Sicherheit der Profite derjenigen ausgesetzt, die alles, vom Elementarteilchen bis zu den Sternen, vom pflanzlichen und menschlichen Erbmaterial bis zum globalen Klima, von den natürlichen Ressourcen dieses Planeten bis zu unseren geheimsten Gedanken kontrollieren, beherrschen oder zerstören wollen.

Was den Westen betrifft, so wird der Begriff Terrorist hier auf immer weitere Teile der Gesellschaft angewandt, bis er alles umfasst. In Westeuropa bezeichnet man seit geraumer Zeit Demonstranten als potentielle Terroristen. Einige werden sich vielleicht demnächst auf der Intensivstation eines Krankenhauses wiederfinden.

Samstag 29.
Das letzte Licht

Morgen
Ein gewöhnlicher Tag. Ich schließe die Tür und mit ihr auch meine jüngste Vergangenheit ab. Das, was man gemeinhin Gegenwart nennt. Denn Gegenwart ist das, was wir durchleben, was wir fühlen, was in diesem Augenblick entsteht. Und auf diesen Augenblick, den Augenblick in dem ich die Tür schließe, folgt nichts anderes mehr als Erfahrungen und Erinnerungen, Gedanken, Hoffnung. Schall und Rauch. Weder ein geliebter Ort, noch Gegenstände, noch Menschen. Jeder Tag, jede Stunde, jede Minute eine neue Reise. Vorne wartet ein Abgrund an Zeit, unberührt, blitzblank. Erstickend eng eingezwängt in die Gegenwart, handle, schöpfe, existiere ich in diesem sich fortbewegenden Augenblick der Zeit. Hinter mir die Vergangenheit, aber die habe ich zurückgelassen. Vor mir die Zukunft, doch in dieser bin ich noch nicht angekommen. Alles, was existiert, ist diese erstickende Gegenwart. Immer der letzte Augenblick des Lebens. Der nicht umsonst gelebt werden darf. Nicht vergeudet werden darf. Wertvoll, weil er der letzte ist. Weil er das Leben selbst ist.

Dieses sich bewegende Jetzt wird irgendwo, irgendwann seine Reise in die Zukunft beenden. An welcher Stelle der Erde wird wohl der Ausgang zu finden sein? Wo das Leben ist, ist auch der Tod. Sein unzertrennlicher Gefährte.

Mittag
Die Schritte fallen mir schwer. Ich setze mich auf ein paar Stufen, wie es die Migranten tun. Schaue mir den Bürgersteig an, mit seinen verrotteten Kanaldeckeln, dem Bächlein, das aus dem Müll an der Ecke rinnt, den Bauschutt, der ein Fenster im Souterrain halb verdeckt. Ein Fenster mit Gardinen, aus dem Licht scheint, hier leben Menschen, mit Träumen, Hoffnungen, Enttäuschungen, Freuden, Sorgen. Die harte Realität. Nicht die andere, des Marketing, des Fernsehens, der Illusion, des Mythos, des künstlichen Lächelns, ei-

ner aufpolierten Welt, glänzend und unexistent. Sondern die harte Realität, wie wir sie jeden Tag erleben, durchleben, berühren und durchstolpern. Einige sind lebendig begraben, einige sterben, einige werden begraben geboren, alle warten auf etwas. Die Verantwortung tragen wir.

Nachmittag
Etwas geht vor im Hafen von Piräus... »Menschenwürdige Lebensbedingungen« fordern die Hafenarbeiter. »Ihr seid Diebe und Verbrecher« piepst es aus Richterkehlen. »Kümmert euch um unser Geld« befehlen die Reeder ihrem Lakaien, dem Staat, der blitzschnell reagiert. Schneller als gedankenschnell. Mit ziviler Einberufung, einem Disziplinierungsapparat. Wer jetzt noch streikt, kann entlassen und vor Gericht gestellt werden. Es sind nicht die Knüppelschläge, es ist nicht der Schmerz. Es ist die Ungerechtigkeit, die Erniedrigung, die Entwürdigung, die Plünderung ihrer Plackerei. Wo finden sie ihr Recht? Nirgends.

Es gibt Dinge, für die lohnt sich das Nachdenken, die Zeit, ein Teil deines Lebens, die Freiheit, sogar das Leben selbst.

Abend
Ich schaue mir den Bürgersteig an. Meinen täglichen Gefährten der letzten zwei Jahrzehnte. Wie im Film sehe ich mich zum wiederholten Male auf dem kalten Pflaster liegen, meinen letzten Atem aushauchen. Mein bester, mein nächster Freund für diesen Augenblick, ein zufällig Vorbeikommender, schließt mir die Augen. Und der Staat kommt mit einer Decke, um seine Schande zu verbergen. Wie habe ich mich geirrt!

»Ich bin, sagst du und hinterher gibt es dich nicht. Das war's, bis hierher und nicht weiter.« Die ersten Gedanken. Hier enden die Zweifel, die Anspannung, die Verantwortung, der Kampf. Die absolute Leere, des absolute Nichts. Der Preis. In meiner Phantasie habe ich es gesehen, wieder und wieder, es akzeptiert, mich damit angefreundet, erwarte es. Ich frage mich nicht warum. Ich verschwinde. Nicht ich, die Welt. Sie entfernt sich mit schwindelerregender Geschwindigkeit kreisend in Richtung des Ungewissen. Ich bleibe zurück, in der Leere hängend, versteinert, unbeweglich. Die Zeit ist eingefroren.

Eine bekannte Stimme holt mich zurück. »Bis du ok?« »Nein.« Es ist kein Aufgeben. Ich habe es versucht, aber ich kann nicht folgen. »Verschwinde...« Nichts ist zu Ende. Wir machen weiter.

Dann die Leute, die mir Mut machen, der Krankenwagen, das Krankenhaus Tzaneio, der Operationstisch. »Savvas« nenne ich meinen Namen und schließe die Augen.

Sonntag, 30.
Finsterer Durchgang

Ein-geliefert
In der grauen Stadt breitet sich langsam aber sicher eine brutale Repression aus. Wo der Terror zur alltäglichen Erfahrung wird, braucht er Verbündete, Vorbereitung, Klima. Die einen zerlegen und verbreiten meine Teile, sie wie Trophäen von Fernsehsender zu Fernsehsender schleifend; andere verwandeln die Plätze und Zeitungsverkaufsstände in inoffizielle Fleischereien. Vielleicht wäre es ehrenvoller gewesen, hätte man mich, an ein Auto gebunden, durch die Straßen geschleift? Vielleicht wäre es menschlicher gewesen, hätte man meine Teile in den Kanal geschmissen?

Vergeblich warte ich auf das Leichentuch. Auf das, mit dem man die auf der Straße Gestorbenen bedeckt.

Drinnen im Saal stummes Warten, bis sich die Waage nach der einen oder der anderen Seite neigt. Meine Überlebenschance vor Beginn der Verhöre eins zu hundert, fünfzig zu fünfzig, bei Beginn der Verhöre.

Draußen humanistische Verschleierung. »Ärztliche Versorgung der Spitzenklasse«, ärztliche Ratschläge, ärztliche Verlautbarungen.

Drinnen vermummte Leibwächter, kreisen seltsame Gestalten, die ihr makaberes Werk durchführen.

Ruhiggestellt am Tropf mit den Einsatzkräften zur Sicherung von Ruhe und Ordnung auf der Intensivstation.

EINSCHUB
Bestrebungen und Begründungen

Eine reale Szene...
Von fern sind Streit und Flüche zu hören und eine Gruppe dringt hastig unter Ellenbogeneinsatz und Stößen ins Krankenzimmer ein, ein jeder der Richtigkeit seiner Meinung durch die Tonlage Ausdruck verleihend.

»Mann, ich sag's dir, einssiebzig.«

Was du nicht sagst, nicht einmal einsfünfundsechsig ist er, wirst sehen, ich habe ein gutes Augenmaß.«

»Aus dem Weg, seht ihr nicht, wie weit seine Füße rausragen? Der ist fast zwei Meter groß.«

»Verschon du uns mit deinen Weißheiten, der ist doch kein Riese, das Bett ist kurz.«

»Seid endlich ruhig, ich werde euch gleich sagen, was Sache ist.«

Zwei von der Antiterrorpolizei, die sich lauthals ihre Verdienste um die Ohren schlagen, offenbaren mir nach Tagen an meiner Seite diesen Dialog.

»Im Endeffekt hatte ich Recht«, meint der Eine. »Ich leg' ihm ein Metermaß an und raus kommen einsfünfundachtzig. ›Na also, ihr Nichtsnutze‹, sage ich ihnen, ›lasst euch das eine Lehre sein‹.«

Und ein hypothetisches Meeting ... mit realen Entscheidungen
Die Omerta schützt und verdeckt die Geschehnisse der ersten Stunden. Einiges wird vielleicht so stattgefunden haben, wie unten beschrieben oder ein wenig – aber nicht viel – anders, wie sich aus den realen Geschehnissen, die später folgten rückschließen läßt. Gedanken, hypothetische Dialoge, allegorische Szenen, die einen kleinen Eindruck des entsetzlichen Klimas jener Tage geben.

»Hast du rechts Fingerabdrücke genommen?«

»Hab' ich, aber die meisten taugen nichts, die letzten, die ich habe, sind vom Tatort der Explosion.«

»Verdammte Scheiße... Mach' sauber, damit wir wenigstens fotografieren können.«

»Ah, und die DNA. Wo ist der Kerl mit der Spritze?«

»Beeilt euch und sammelt das Zeug ein, der Professor ist im Anmarsch.«

Es kommt tatsächlich der Herr Professor für einen letzten Überblick vor der Krisensitzung mit den anderen Spezialisten. Man will die Verteilung der Beute aushandeln, aber aus gegenseitigem Misstrauen verlässt keiner den Raum, so dass schließlich die Intensivstation als bestgeeigneter Sitzungsort gewählt wird. Nach und nach treffen sie ein und beziehen rund um das Bett Stellung. Ich liege im Koma. Sehe nichts, höre nichts, denke nichts, fühle nichts; existiere nur. Bis alle da sind mischt sich der Lärm der Zwiegespräche mit dem Geruch von Schweiß und Nikotin.

Die letzten sind eingetroffen. Aus Respekt, aber auch, damit die Tür geschlossen werden kann, rückten die Aufrechtstehenden zur Seite. Einige

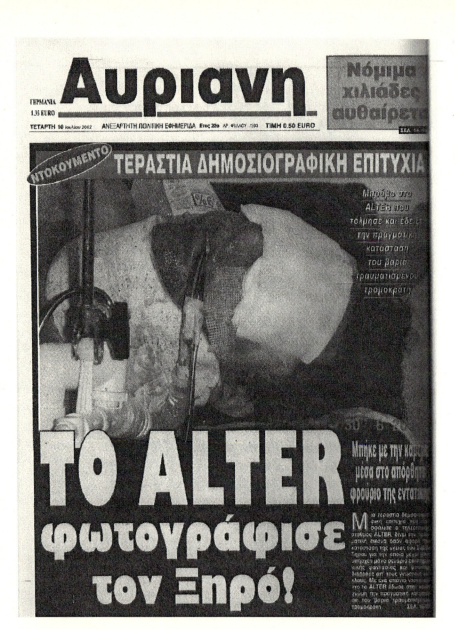

Tageszeitung Avriani vom 10. Juli 2002: Riesiger journalistischer Erfolg Alter (griechischer privater Fernsehsender) fotografierte Xiros!

Sekunden Schweigen, bis als erstes der zuständige Minister, eine verlegene Zufriedenheit zeigend, das Wort ergreift.

»Meine Damen und Herren, liebe Genossen und Wegbegleiter...« Er steht auf, seine Rede mit affektierten Gesten begleitend. Gegen den Strich rasiert wie immer, weil ihm das ein Gefühl von Selbstsicherheit verleiht, verbirgt er sein wahres Ich unter der sorgfältig gelegten Frisur und dem Parfum. Das Licht des Monitors über ihm verleiht seinem Gesicht einen seltsamen Ausdruck. Die Rede und die Nacht nehmen ihren Lauf...

»Uns allen ist, denke ich, die Größe der Aufgabe bewusst, die wir auf uns genommen haben und zwar nicht erst jetzt, sondern seit dem Beschluss, unsere Strategie auf das Abwarten eines Fehlers des Gegners zu aufzubauen. Die sehr verehrten Freunde zur Rechten – und ich bitte die Dolmetscher um eine wortgetreue Übersetzung meiner Rede – diese auserwählten Freunde, ich könnte auch ohne Bedenken Kollegen sagen, denen ich bei dieser Gelegenheit danken möchte, haben uns das weise Dogma gelehrt, Frucht ihrer langjährigen Kolonialerfahrungen, das sich in der Redensart zusammenfassen lässt: ›Warum sollte man sich in der Hitze plagen‹ – bitte korrigieren Sie mich, wenn ich falsch zitiere – ›und nach Informationen suchen, wenn man sie im Schatten finden kann, indem man Pfeffer in die Augen eines armen Teufels reibt.‹ Ich werde hier nicht auf die Methodik und die Entwicklung der Substanzen seit des Gebrauchs des Pfeffers eingehen, sondern mich auf die prinzipielle Philosophie beschränken. Im Vertrauen auf dieses Dogma haben wir uns also 27 Jahre in Geduld geübt. Und nun ist die Stunde gekommen, dass wir die Früchte dieser Geduld ernten.

Die Prozedur wird allerdings mühsam sein, denn wir haben es mit zwei Hindernissen zu tun, die auf die Namen Ruf und Legalität hören. Zwar hat der zuständige Staatsanwalt bereits die entsprechenden Anweisungen hinsichtlich des zweiten erhalten. Wir hätten also überhaupt kein Problem, gäbe es da nicht den Ruf, den die Organisation bis heute besitzt. Unser erstes Ziel muss es demzufolge sein, mit allen Mittel und unter allen Umständen und Kosten, die Geschichte der 17N zu schwärzen, ihr Ansehen zu zerstören und sie unwiederbringlich der Verachtung preiszugeben, einen allgemeinen Empörungsschrei auszulösen.

Liebe Genossen, bekanntlich rächt unsere Demokratie nicht; sie zermalmt und vernichtet.

Es gibt einen konkreten Plan im Sinne des oben ausgeführten, der von den vorhin genannten Kollegen ausgearbeitet wurde. Er basiert auf breiter historischer Erfahrung, ein Abglanz der Ideen des seligen Göbbels. Denn die Demokratie kennt keine Sackgassen.

An dieser Stelle möchte ich das Wort dem Vertreter des Staates und Abgesandten des Büros des Ministerpräsidenten übergeben, der mit der Koordination des Unternehmens betraut wurde.

Ich danke für Ihre Aufmerksamkeit.«

Die Herren mit den rosigen Gesichtern, drehen sich, sobald sie die Worte »mit der Koordination betraut« hören, abrupt und mit kaum verhaltener innerlicher Wut in Richtung Koordinator. Dieser ordnet mit hastigen Bewegungen seine Papiere und beginnt eilig und ohne jede Einleitung, in dem Versuch, den unschönen Eindruck zu korrigieren.

»Bekannterweise ist unser eigenes Entscheidungsgebiet streng begrenzt. Mein Beitrag beschränkt sich auf einige zweitrangige Felder, die allerdings für uns Einheimische von lebenswichtiger Bedeutung sind.«

Er registriert, dass seine Worte die erwünschte Beruhigung bringen und ergreift die Gelegenheit, während er weiterredet, einige Papiere aufzusammeln, die vorhin zu Boden gefallen waren. Der Staatsvertreter ist eine Art Kreuzung aus Prokurist und Technokrat. Gehört zur Sorte der wegen ihrer Böswilligkeit schwachen Menschen. Er rückt seine kleinglasige Brille auf dem Nasenrücken zurecht, konsultiert seine Notizen und fährt fort.

»Ich habe gründlich studiert, in welchem Rahmen wir im Einklang mit dem uns vorgegebenen Plan, die Organisation in Verruf zu bringen, vorgehen müssen. Es ist der Wille des Ministerpräsidenten, dass ein Schwerpunkt auf die Entschlossenheit, nicht nur des Wortes, sondern auch der Tat gelegt wird. Demzufolge sollten wir ohne Zögern vorgehen, sowohl bei der Propaganda, als auch in der Aktion. Mit einem derart erprobten und erfolgreichen Modell hätten wir sogar am hellen Tage auf dem Syntagma-Platz die einhellige Zustimmung, wenn nicht sogar aktive Hilfe der Passanten bei der Ausübung unseres Berufes und Anwendung unserer Methoden. Natürlich kommt dies aus Gründen des Handlings des Unternehmens aber auch aus Vorsicht vor etwaigen Einbußen an Erfolgen nicht in Frage.

An dieser Stelle möchte ich auf meine eigenen Zuständigkeiten eingehen, die sich intensiv und vorrangig mit den hiesigen Mitwirkenden beschäftigen, da eine Überwachung und Schlichtung bei der Verteilung der Erfolge gemäß der individuellen Ansprüche und Bedürfnisse erforderlich ist. Einige der Anwesenden streben nach Ruhm, andere sind auf das Prestige ihrer Behörde bedacht, einige streben nach einer Auszeichnung, einem Amt, einer Beförderung, einem Titel und wieder andere wären mit einer Art Dutyfree-Verordnung für ihr Krankenhaus zufrieden, was sich in entsprechender Zeit einrichten lässt. Was die übrigen betrifft, die unauffälligen und bescheidenen Werktätigen, die nicht in den Genuss der im Antiterrorgesetz vorgesehen Wohltaten kommen, so bleibt für sie noch die undankbare Rolle der wirtschaftlichen Ausbeutung anderer.

Trotzdem müssen wir sehr genau die Verfahrensweise mit dem Produkt festlegen, damit wir ein Höchstmaß an Ertrag in Relation mit der Zeit erzielen. Dabei müssen die Gegebenheiten in jeder Situation auf die höchstmögliche Gewinnerzielung abgestimmt werden, während gleichzeitig die ehrgeizigen Anstrengungen eines jeden, der noble Wettkampf und die gesunde Konkurrenz zwischen den Teilhabern bewertet und zugeordnet werden, so dass jeder analog zu seinen Werken entlohnt wird.

An dieser Stelle möchte ich Kaltblütigkeit und Selbstbeherrschung empfehlen, sowie ein Höchstmaß an Einvernehmen und Harmonie, da jeder Zwist zwischen uns eine Gefahr darstellt. Wir haben glaube ich alle eine Vorstellung von der Unruhe all derer, die von der Tafel ausgeschlossen wurden. Sie warten in Scharen auf ihre Gelegenheit. Sie wissen so gut wie ich, was sich bei der Hafenpolizei abgespielt hat, bis wir die Ware in unserer Verfügungsgewalt hatten. Also, in der Einheit liegt die Stärke.

Abschließend, bevor wir ans Werk gehen, wäre es eigentlich angebracht, dass wir uns durch einen Eid binden. Aber mir ist nichts Heiliges eingefallen, dass von uns geachtet werden würde.«

Die Anwesenden lachen geschmeichelt bei der letzten Bemerkung und applaudieren. Auch der Minister lacht, verhalten allerdings, um keine Falten um den Mund zu bekommen. Der Koordinator setzt sich und übergibt das Wort dem Polizeichef. Der ordnet zunächst noch seine Gedanken. Weil alle ihn anstarren, zieht er unwillkürlich seinen Kamm und ordnet den Schnurrbart. Räuspert sich, zeigt auf den reglosen Körper und beginnt.

»Zunächst einmal kommt es darauf an, dass wir das Geschenk nicht verlieren...«

»... das Geschenk nicht verlieren...« heißt es bezeichnenderweise in der Presseerklärung der Polizei am selben Abend.

»... aufpassen, dass wir das Geschenk nicht verlieren...«

Er wird unterbrochen, irgendwer klopft von draußen beharrlich an die Tür. Einer ihrer Schergen versucht Einlass zu finden.

»Aufmachen, es ist dringend...«

»Was willst du hier, um diese Zeit? Dies hier ist die Intensivstation, da kann nicht jeder rein, wie er lustig ist.«

»Verzeihung, aber der ›Sie wissen schon wer‹ ist da und wartet auf den Stoff für die Sendung. Er sagt, er hätte die gewünschte Summe dabei.«

»Na gut, warte«, der Polizeichef dreht sich um. »Was sagt der Zuständige?« Doch der kommt nicht dazu, sich zu äußern.

»Verkaufen, verkaufen«, tönt es einhellig und bis weit nach draußen hörbar.

»Zunächst einmal kommt es darauf an, dass wir das Geschenk nicht verlieren, hatte ich gesagt. Und dieser Geschenk, liebe Freunde, steckt hier drin, in diesem Schädel.« Er schlägt mit dem Handrücken gegen den reglosen Kopf. »Natürlich ist er schon als Vorwand ausreichend für eine Konstruktion unsererseits« – der Redner verfügt über eine reiche Erfahrung, was dies Thema anbelangt – »aber das soll uns nicht davon abhalten, nach dem besten Ergebnis zu streben und dafür muss er, zumindest angeblich, am Leben und in den Umständen entsprechender bester Verfassung sein. Es gibt natürlich, wie Sie wissen, auch die Möglichkeit, dass er nicht überlebt, deswegen muss es unsere höchste Priorität sein, Informationen zu erhalten, die uns auf irgendwelche Spuren bringen. Und zwar rechtzeitig, bevor die zusammen mit jeder Hoffnung auf Gewinn verschwinden.«

Er wird unverschämterweise unterbrochen... »Wir könnten ihn, sobald er erwacht fragen...« ... was ihn zur Weisglut bringt.

»Wer ist das, wer hat den hier reingelassen?«

»Ich habe ihn mitgebracht, aber ich hatte ihm eingeschärft, den Mund zu halten. Wir brauchen ihn, weil er ausländisch versteht, ist ein diplomierter Spezialist, der keine Stelle gefunden hat, bevor er zum Korps kam.

»Schmeiß ihn raus, kannst Du deinen Aschenbecher nicht alleine halten? Wenn ich das schon höre, ›wir können ihn fragen‹... Das ist, als würden wir ihm die Fäden in die Hand geben. Die gehören uns, nicht ihm. Mit seiner Einlieferung hier, ist klar, dass wir sie ihm mit Gewalt entreißen werden. Es gibt tausende Möglichkeiten und wir werden eine nach der andern anwenden, bis er anfängt auszupacken, und dann...«

Ein die Zukunft erhellendes Lächeln leuchtet auf seinem Gesicht auf und wird abrupt durch die erneute Einmischung des naiven Gehilfen gelöscht.

»Ja, aber was sagen wir der Öffentlichkeit, wenn man kapiert, dass wir

32

auf der Intensivstation stecken und nichts rauslassen?«
»Hatte ich Dir nicht gesagt, du sollst den Mund halten? Schafft ihn hier raus.«
»Nein, er hat recht, lasst ihn reden, wirklich, was sollen wir der Öffentlichkeit erzählen?«
»Dass ihm bei dem, was er angestellt hat, nur Recht geschieht.«
»Aber wir wissen doch gar nicht, was er getan hat.«
»Jetzt pass mal auf und lass' dich nicht auch noch kirre machen. Das ist leicht klargestellt. Ich geb' dir ein simples Beispiel: Wer kann schon mit Bestimmtheit sagen, ob der Irak über Massenvernichtungswaffen verfügt. Wenn unsere Verbündeten aber dort einfallen, haben solche Zweifel nicht den geringsten Sinn. Im Moment haben sowohl sie als auch wir Massenmedienwaffen. Nimm also ein Blatt und schreibt eine Presseerklärung, in der drinsteht, dass der Kerl an jeder Art Anschlag beteiligt war. Zähl acht, zehn oder zwölf Morde, Bombenanschläge, die Überfälle auf die Polizeiwache in Vyrona und das Militärdepot in Sykourio auf, den Anschlag auf das Haus des Deutschen Botschafters, wegen der DNA nicht vergessen, schreib, dass er an der Formulierung der Bekennerschreiben beteiligt war und was dir sonst noch nützlich erscheint. Gehen wir zu wichtigen Dingen über.«

Welch ein Zufall! Eine entsprechende Presseerklärung machte die Runde durch die Medien, während ich noch am Tropf hing.

Die Diskussion wird unverhofft vom Staatsanwalt unterbrochen.

»Leider können wir nicht auch noch zukünftige Anschläge einbringen. Die Amerikaner sind auch da mit der präventiven Verurteilung potentieller Terroristen weiter. Unser Gesetz ist, das habe ich angemerkt, in dieser Hinsicht unvollkommen, der Gesetzgeber sieht so etwas nicht vor. Ich hoffe, dass diese Rechtslücke in einer zukünftigen Gesetzesänderung geschlossen wird.«

Der zweckdienliche Beitrag wird mit allgemeinem Kopfnicken quittiert.

»Und wo wir schon mal dabei sind«, fährt der Polizeichef fort, »überlegen Sie auch die andere Seite. Ist Ihnen klar, was hier in wenigen Jahren los sein wird, welche Maßnahmen sie uns aufdrücken werden, wenn wir sie nicht schnappen? Ich will gar nicht drüber nachdenken, schlimmer als in einem Dritte Welt Land. Wenn die weiter frei herumlaufen, dann werden wir erleben, was Repression heißt, so wahr ich hier stehe. Polizeistaat total, da werden wir festnehmen, was uns in die Hände fällt, eindringen, wo immer wir hinkommen, da werden Gesetze annulliert und die Verfassung aufgehoben werden, nichts wird zählen außer den Befehlen der Oberen von

In- und Ausland, da wird im Hauruckverfahren gerichtet, ich sage Ihnen, nichts wird beim Alten bleiben. Jede Privatsphäre werden wir verletzten, Telefone anzapfen, die Unverletzlichkeit der Wohnung missachten, Kameras sogar im Schlafzimmer aufstellen. Wenn wir sie nicht schnappen, wird Griechenland ein einziges riesiges Big Brother.

Deswegen an die Arbeit, solange hier noch Sozialismus herrscht. Oder wie es in der Antike hieß: ›der Kampf geht nun über alles‹. Es handelt sich ja auch um eine Angelegenheit von nationaler Bedeutung. Ich sage voraus, dass sich die Wirtschaft und die griechisch-türkischen Beziehungen positiv entwickeln werden, sobald wir die anderen auch gefasst haben. Die Luftraumverletzungen durch türkische Abfangjäger werden aufhören, überhaupt werden sich die Beziehungen mit all unseren Nachbarn verbessern, der Tourismus wird einen Aufschwung erleben, fremdes Investitionskapital wird ins Land strömen, man wird die Arbeitslosen mit der Lupe suchen müssen, wir werden uns der problematischen Staatsunternehmen entledigen, jede Regierung wird sich ungestört ihren Aufgaben widmen können, seien es das Rentensystem, die Arbeitsbedingungen, die nationale Politik. Und unendlich vieles Gute mehr. Sie werden sehen, Griechenland wird sich in ein Paradies verwandeln.

Aber nun zur Sache. Die Sache ist jetzt, wo wir, wie man so schön sagt, nicht nur die Melone, sondern auch das Messer haben, einfach... Worauf wollte ich hinaus, bevor mich der Trottel hier unterbrochen hat?«

»Ich glaube, Sie sprachen davon, dass er reden wird.«

»Ach ja, natürlich ist die richtige Methode entscheidend. Von unserer Seite wird es jede Unterstützung und Hilfe geben, was immer gebraucht wird, ob Material oder Personal, Verluschung von Gesetzesübertretungen, Einschüchterung von Zeugen, Verschleierung, Schutz und was sonst noch in unserer Macht steht. Ich wiederhole, entscheidend ist aber die richtige Methode. Zu diesem Thema wird uns der dieses Spezialgebiet beherrschende Herr Professor ins Bild setzen.«

Der dienstälteste der Versammlung, der bisher im dunkelsten Winkel des Raumes Deckung gesucht hatte, ergreift das Wort. Er ist seine Position wert, hat sie im Wettstreit mit Anderen errungen, die ihm in Intrige und Betrug unterlegen waren. Stets betrachtet er sein Gegenüber mit Skepsis von der Seite und das chronische Misstrauen hat ihm einen bleibenden Buckel vermacht. Bevor er zu sprechen anhebt, sichert er seinen Standort zwischen Kardiographen und Krankenbett. In den Händen hält er einen kurzen Zeigestock, wie ihn die Professoren haben, um seine Worte zu unterstreichen. Die Szene erinnert an eine Vorlesung für Anatomie aus einem mittelalterlichen Kupferstich.

»Wie Sie wissen«, beginnt er, »wurde bereits ein erster Versuch unter Narkose gemacht, aber das einzige, was wir aus dem unzusammenhängenden Wortschwall erkennen konnten, war, dass er seine Frau liebt. Wir müssen also schnellstens zum nächsten Stadium übergehen. Ich habe meinen Vorredner sehr richtig über die Melone und das Messer reden hören. Hier verbirgt sich das am teuerste bezahlte – denn auch das werden wir, wenn die Zeit gekommen ist verkaufen – Geheimnis. Ich werde hier nicht auf medizinische Begriffe und technische Einzelheiten eingehen; ich kann Ihnen aber versichern, dass das Ergebnis unseres Eingriffs sich sehen lassen werden kann. Wenn er diesen überlebt, werden wir noch Erstaunlicheres sehen, sobald parallel das dritte Stadium, die Verabreichung von Psychopharmaka über einen längeren Zeitraum hinweg, angegangen wird. Beste Vorraussetzung für den Übergang ins vierte Stadium, in dem unter der Anleitung anerkannter Psychiater die vorherigen Anstrengungen ihre Früchte tragen werden, so dass im nächsten, dem fünften Stadium, die klassischen Untersuchungsbehörden an die Reihe kommen können. Nach einer derartigen vielschichtigen Behandlung, den es handelt sich nicht um nur eine Methode, sondern um ein Zusammenspiel aufeinanderfolgender, sich ergänzender und unterstützender Maßnahmen, gibt es niemanden, selbst wenn er zu Beginn gesund wäre, der nicht gestehen würde...«

»Ja, aber... Und wenn sich nun nach all dem zeigt, dass er nur ein einfaches Mitglied ist?«

»Schon wieder Du? Habe ich nicht gesagt, Du sollst den Mund halten? Wie kannst Du es wagen, den Herrn Professor mit solchen Nichtigkeiten zu unterbrechen? Hast Du nicht gelesen, was die Presseverlautbarung der Polizei über den Kerl schreibt?«

»Er könnte aber doch überleben und dann aussagen, was wir hier mit ihm gemacht haben.«

»Welche Dreistigkeit! Erstens wird dieser Fall wahrscheinlich nicht eintreten. Ich möchte aber Kraft meiner Autorität den unverschämten Moralisten, der mich unterbrach, darauf hinweisen, dass derartige Skrupel bei unserer Arbeit ungeeignet sind. Damit aber will ich zum Thema zurückkehren, denn es gibt tatsächlich einen alternativen Plan für den Zeitraum nach den Verhören. Das sechste Stadium. Sollte also das Unwahrscheinliche geschehen und er überlebt, so gibt es zwei Möglichkeiten zur Korrektur. Die zweite wäre die

Exekution. Dazu müssten wir alle beitragen. Zum Wohle des Landes. Auch wenn das Meiste schon im vorhin vom Herrn Koordinator erwähnten Plan ausgeführt ist, so sind Improvisationen doch nicht auszuschließen. Zu einem Teil werden Sie hier, die Angelegenheit in ihre Hände nehmen, aber ich glaube Ihre Abteilung verfügt über genügend Mittel. Die größte Last werden der ›Sie wissen schon wer‹ und seine Leute in den Medien übernehmen. Zum Glück herrscht bei uns Pluralismus. Es werden Analysten auftreten, Möchtegernagenten, Nachbarn, die aus allen Wolken fallen, wir werden ›zufällige Passanten‹ organisieren lassen, unsere Leute kriegen das schon hin. Wir werden ihnen auch stecken, was er selbst gesagt, was er ganz allein entschieden, was er verbrochen hat, alles ganz einfach, denn wir haben ja nicht nur die Melone, sondern auch das Messer. Wir werden also tun, was immer in unserer Macht steht. Und was die Parteien betrifft, die Gewerkschaften, die Organisationen und Vereine, die Komitees, Gruppen und was es sonst noch so gibt, so reicht es vollkommen, wenn sie schweigend tolerieren.«

»Wie Sie sich also vorstellen können, wäre unser Gewinn sogar für den Fall des Überlebens gesichert, allerdings würde es einen erheblichen Einsatz an Schlamm, sehr viel Schlamm bedürfen. Doch wem würde man eher glauben, einem Terroristen, oder uns, dem ehrenwerten Staatswesen, das ihn zur Strecke gebracht hat? Und dabei habe ich Ihnen noch nicht einmal beschrieben, in welcher Verfassung er sich befinden wird, wenn er, sollte er denn überleben, dieses Haus verlässt. Glauben Sie denn, dass er vollständig wiederhergestellt sein wird, dass er erklären könnte, was er möchte? Oder dass er sich an alles hier Vorgefallene erinnern wird? Nicht einmal an ein Zehntel. Er wird nicht wissen, was ihm geschehen ist. Den einen Tag wird er dieses, den nächsten Tag jenes erzählen, jeder wird ihn manipulieren können. Es versteht sich von selbst, dass er von hier aus direkt ins Gefängnis verlegt werden wird, völlig unabhängig davon, in welcher gesundheitlichen Verfassung er sich befindet, so dass wir die Situation auch weiterhin unter Kontrolle haben werden.

Und wenn es ihm tatsächlich gelingen sollte, seine Gedanken in ferner Zukunft doch wieder zu ordnen – ich persönlich glaube nicht, dass dies nach einer derartigen Persönlichkeitszerstörung eintritt – aber nehmen wir an, dass es ihm irgendwann einmal gelingt, die Realität aufzudecken, so werden seine Aussagen sich wieder von dem unterscheiden, was er vorher angegeben hat, wieder wird er unglaubwürdig sein. Wer wird ihm Glauben oder Aufmerksamkeit schenken? Die Fernsehsender? Die Zeitungen? Ach was! Sie wissen doch, wir haben die Melone, wir haben auch das Messer... An dieser Stelle werde ich Ihnen auch die machiavellistischste Komponente des derzeitigen Stadiums offenbaren.« Er senkt verschwörerisch seine Stimme. »Wir werden bekanntgeben, dass er mit uns kooperiert, somit wird man ihn sogar in der Unterwelt hassen. Uns allen ist doch bewusst, welches erbärmliche Spiel wir spielen, andernfalls würde jeder von uns an die Öffentlichkeit treten und erklären, er sei der heimliche Held, der auf der sakrosankten Intensivstation unermüdlich zum Wohle der Gesellschaft, für die Sicherheit des Landes und der Nation kämpfe. Das tut natürlich keiner. Überlegen Sie sich doch mal jemanden, der zu abscheulichen Subjekten wie uns gerechnet wird, der – welch moralischer Verfall – auf die Seite des Staates wechselt, stellen Sie sich den Dreck, den Gestank vor, der von ihm ausgeht und wie er letztendlich den Rest seines Lebens als von allen Verachteter verbringt.

Ich habe noch weitere sehr gute Ideen, aber die werde ich Ihnen jetzt noch nicht erläutern, denn das würde Sie erschaudern lassen. Für heute würde ich vorschlagen, falls niemand mehr etwas beizutragen hat, dass wir uns zurückziehen. Hier muss noch für den Operationstisch vorbereitet werden.«

Obwohl die Versammelten wegen berufsbedingter Perversität eigentlich immun sind, haben einige dennoch ihre Grenze erreicht. »Genug für heute. Gehen wir.«

»Die Herren bitte hier entlang zum Ausgang, im Raum bleiben bitte nur die Techniker und die Wachen.«

Sie verlassen das Gebäude, die dunkelsten Gänge wählend. Ich war bei dieser Diskussion anwesend aber ich habe nichts mitbekommen. Morgen, am späten Nachmittag werde ich aus der Narkose erwachen und ein Zehntel dessen, was auf der Intensivstation vor sich gegangen sein wird, in mein Gedächtnis einbrennen. Das, was in den Tagen die folgen, trübe beleuchtet wird.

Montag 1.
Erwachen

Eine andere Welt
Viele farbige Fächer, Würfel, luftig, durchsichtig, hell, fallen wie Dominosteine, nervös und lautlos, nach links bis in die Wand, wo sie sich langsam auflösen. Auf der anderen Seite Dunkelheit, Lärm, Sirenen, elektronische Geräusche, Pfiffe, Hupen, undeutliche Lichter, menschliche Schatten, die

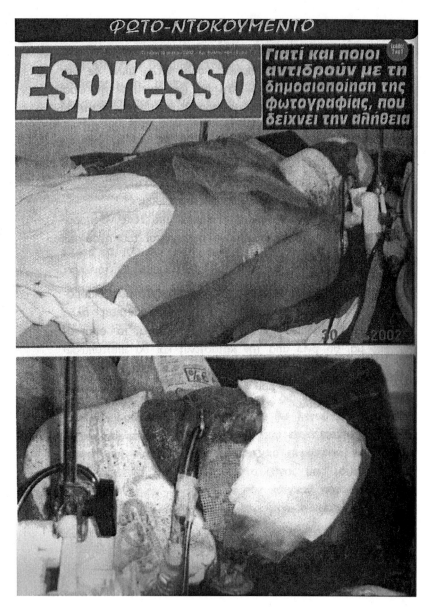

Tageszeitung Espresso vom 10. Juli 2002: Wer warum gegen die Veröffentlichung der Fotos, die die Wahrheit zeigen, protestiert.

sich verstohlen, erschreckend langsam, durch den Raum bewegen. Wie Hyänen, die im Dunkeln lauern, sich nähern, belagern. Eisiges Harren vor dem rasenden Angriff.

Ich befinde mich an einem Ort mit seltsamen Gebräuchen. Er ähnelt einem tiefen, einem trüben Traum; oder einem Albtraum, der seine eigene Wahrheit vorführt. Etwas anderes gibt es nicht, ein warum gibt es nicht; alles ist so, weil es nicht anders sein kann.

Ich sehe mich langsam um. Gerade erst habe ich die Augen aufgeschlagen, zumindest meine ich, das getan zu haben. Das Zimmer gleicht einem Raum in einer verlassenen Fabrik; Kästen, Maschinen, Schläuche, die immer wieder ihren Platz, ihre Form, ihren Zustand verändern. Ganz dicht neben mir kleine seltsame Gegenstände mit Griffen, bewegliche Maschinchen regeln die Schläuche, den Tropf. Bis ich mich umgedreht habe, hat sich alles wieder verändert; überall Sechsecke.

Bin ich vielleicht in einem Saal der Illusionen? Ich suche in meinem Gedächtnis nach etwas Vergleichbarem. Die einzige Erinnerung geht zurück in mein zwölftes Lebensjahr, nach dem übermäßigen Genuss von fritierten Kartoffeln. Als ich älter wurde weder Zigaretten, noch Kaffee oder Tee, kein Schnaps. Hin und wieder ein Glas Wein in Gesellschaft, mehr um nicht aufzufallen. Was immer die Gemütslage verändert, und sei es auch nur ein bisschen, verändert das Bewusstsein, beugt analog die Entscheidungen, lenkt das Denken. Ist eine Täuschung.

Es ist, als geschehen all diese Dinge unabhängig von mir, für mich sind sie Eigenschaften des Zimmers. Ich glaube, ich sei gesund, würde denken, Entscheidungen treffen, wie immer, und sobald ich den Raum verließe, blieben die Illusionen dort zurück. Ich erinnere mich an die Explosion, denke aber, dass die nur Verbrennungen hinterlassen hat. Ich weiß, wie ich heiße, erinnere mich an das letzte Licht, das ich sah und später, vielleicht auf unbekannten Wegen durch irgendwelche unterirdischen Tunnel fand ich mich in dieser Welt der Schatten wieder.

Ins Bild gesetzt
Die Stunden vergehen. Metallarme heben und senken sich, arbeiten mit langsamen Rhythmus wie im Nebel. Einer, dicht neben meinem Gesicht, hat einem kleinen grellen Strahler am Ende; nähert sich verstohlen in regelmäßigen Abständen, streicht über das Bett und entfernt sich wieder, als sei nichts gewesen.

Plötzlich nähert sich etwas oder jemand. Knipst eine Stableuchte an und tastet mich prüfend mit dem Lichtstrahl ab. Er befindet sich hinter dem mich umgebenden Nylon – wie ich vielleicht die Verschwommenheit meiner Augen interpretiere. Weiteres Nylon mit Falten wie bei Schirmen, umhüllt mich vom Kopf bis zur Taille. Der Lichtstrahl durchdringt das Tuch und bleibt unvermittelt auf meinem Gesicht stehen.

»Warum bist du hier?« ist eine Stimme zu hören.

Ich fühle mich wie ein entdeckter blinder Passagier und schalte automatisch auf Verteidigung.

»Als ich im Hafen gepinkelt habe, ist eine Bombe hochgegangen.«

»Bombe? Uns hat man gesagt, es war ein Unfall.«

»Ja, ein Volkswagen ist vor die Wand gefahren und der Tank ist explodiert, weil er beim VW vorne liegt. Das Ding ist über mich drüber gerollt. Wie Sie sehen können, habe ich lauter Verbrennungen abgekriegt.«

»Über dich drüber gerollt?«

Er entfernt sich aber nicht weit, dorthin wo wahrscheinlich noch jemand steht, denn an meine Ohren dringt ein Murmeln. Fürs erste bin ich mit meiner Erklärung vollständig zufrieden. Derartiges fällt einem im Traum ein, unter Umgehung der Probleme und der Logik, damit man ruhig schlafen kann. Es interessiert mich nicht, was mit dem Auto geschehen sein soll, das natürlich nicht gefunden wurde. Sie aber auch nicht, denn der Zweck der Fragen ist sicherlich nicht, sich zu informieren, was geschehen ist. Und schon gar nicht, mich über meine Lage aufzuklären, wie es üblich wäre. Es war ein Testen, inwieweit mein Bewusstsein arbeitet. Ob ich bereit bin.

Aus den verworrenen Gesprächen, die von fern zu hören sind, kann ich zwei Wörter isolieren: »Blut« und »DNA«. Ich könnte mir die Zunge abschneiden. Denke, ich habe sie über die Bombe informiert. Also wäre es besser gewesen, gar keine Erklärung abzugeben.

Gefesselt

Irgendwer kommt und nimmt mir Blut ab. Das hat man bestimmt auch schon gleich am Anfang getan. Dient aber der Einschüchterung, sich in meiner Gegenwart zu unterhalten. Ich kann eine der Antworten aufschnappen: »Passt zu den Spuren im Fall mit dem Deutschen Botschafter« – den nicht existenten, wie sich später herausgestellt hatte... Ich bin ratlos. Ich muss was tun, aber was nur? Dann die Idee! Ich werde die Spuren verschwinden lassen, den Handschuh aus der Hosentasche... Wo ist nur meine Hose, ich habe sie nicht an, aber es fühlt sich an, als hinge sie mir um die Knöchel. Ich muss sie in die Hand bekommen und suchen. Ich ziehe, irgendwo klemmt es. Nochmal, wieder nichts. Das ist nicht meine Hose! Meine Beine sind straff mit Riemen gefesselt, das rechte genau über einer Wunde! Als ob das nicht reichen würde, hat man mir auch noch die Kleider weggenommen, damit ich nicht abhaue. Mal sehen, ob ich mit der Hand hinkomme. Mit der unverletzten. Unmöglich, die ist am Handgelenk festgebunden. Sei's drum, ich versuch's mit der verletzten, der Daumen lässt sich bewegen, irgendwas wird schon gehen. Die Hand ist geschwollen, spannt, ist gebrochen und mit Binden umwickelt; die zumindest werden sie gelassen haben. Falsch gedacht. Mit einem Seil angebunden, fester, als die linke... Man hat mich an Händen und Füssen gefesselt und flößt mir sonst was ein, denke ich. Irgendwo kann ich einen der Schläuche auf meinem Fuß einklemmen und rausziehen. Sie entdecken es Stunden später. Irgendein Schweigsamer taucht hinter dem Tuch, auf einer Art Teleskop-Arbeitsbühne in Miniaturformat auf und befestigt ihn so gut, dass er nicht wieder abzukriegen ist. Genau wie der, den ich auf der Hand habe. Der mit Klebeband bis zum Handgelenk befestigt ist.

Die Stunden vergehen, zunächst mit ein paar Worten und dann mit Schweigen. Dunkelheit, Isolation, Beklemmung, Unsicherheit, quälendes Warten, Paranoia, Halluzinationen, sich bewegende Schatten, Geräusche. Bis auf die Hupen. Die hören irgendwann auf. Wahrscheinlich ist es nach Mitternacht. Ein langsames rhythmisches Geräusch, wie Röcheln, als ob jemand mit einer Steigung kämpft breitete sich im Raum aus. Dann Stille, dann wieder das Geräusch, wieder Stille und wieder von vorne. Bis das Getöse der Stadt wieder anhebt.

Ratschläge

Anfang der '60er
Der Ruf des Postboten. Eine Stimme aus dem Exil oder für die Exilierten im eigenen Land. Der Brief von der Insel.
»Meine lieben Kinder und Enkel. Wir sind gesund und wünschen uns Gesundheit...«

Den Brief hat der Vater vor kurzem gebracht. Hat ihn ganz vorsichtig und ruhig, mit beinahe zeremoniellen Bewegungen aufgeschnitten und verliest nun langsam und laut die Neuigkeiten von der Insel Ikaria. Mit dreißig Jahren hat man ihn hier in diesem Dorf zum Priester geweiht. Ein kleines Dorf im Norden Griechenlands, wo sich wenig seit den Zeiten des Isiodos geändert hat. Das Vieh, die Landwirtschaft. Das Holz für den Herd holt man in Bündeln aus dem Wald. Die Frauen gehen jeden Tag zur Quelle, Wasser holen. Man isst an der niedrigen Tafel, im Schneidersitz auf dem Boden sitzend und die Matratzen sind aus dicken Strohflechten. Auch mein Vater bebaut ein kleines Stück Land. Die Pferde zum Pflügen leiht er sich aus. Das Pferd bringt auch meine Mutter, zusammen mit den Nachbarinnen, zwei- dreimal im Jahr in die Stadt. In ihrem dreißigsten Lebensjahr hat sie bereits sechs ihrer insgesamt zehn Kinder geboren und jeden zweiten Tag lädt sie sich, wie alle Frauen hier, die Wäsche, den Kessel und das Holz für warmes Wasser auf den Rücken und geht zum Fluss, um zu waschen. Bis eines Tages...

»Vater, was machst du da? Warum gräbst du hier?«

»Damit ich das Wasser ins Dorf bringen kann.«

»Du wirst es bringen?«

»Langsam aber sicher werde ich es bringen.«

Ein jeder hatte die Arbeit dem anderen überlassen und nun begutachtet jeder zweifelnd diesen neuen Priester, der sich nicht auf Psalmsingen und Sakramente beschränkt. Die Dörfler kommen vorbei, fragen nach und gehen nachdenklich wieder. Nach kurzer Zeit kommen sie, einer nach dem anderen wieder, haben Werkzeuge mitgebracht und machen sich an die Arbeit. Was für eine schöne Musik Hacke und Schaufel doch machen, wenn der eine neben dem anderen gräbt und Egoismus, Starrsinn, Unverständnis und Entfremdung beiseite gelegt werden.

Dienstag 2.
Der Arzt und die Arznei

Diener und Zofen
Irgendjemand putzt den Boden. Es muss früher Morgen sein, ich habe kein Auge zugemacht. Warte, aber auf was? Ich glaube, dass ich irgendwo versteckt gehalten werde, dass man nichts von der Bombe weiß, dass meine

Verwandten keine Ahnung haben, was mit mir geschieht, dass niemand weiß wo ich bin. Entführt! Wenn ich in einem Krankenhaus wäre, hätte man meine Angehörigen informiert, wäre meine Familie gekommen. Wenn ich in den Händen der Polizei wäre, hätte man mit mir gesprochen, mir meine Anklage vorgelesen, mich verhaftet. Wenn ich mich in den Händen von Ärzten befände, hätte man mich informiert, wo ich bin, was ich habe; mir meine Lage erklärt. Nichts davon ist passiert, ich bin in den Händen von Agenten, denke ich. Vielleicht bin ich schon im Ausland. Heute werde ich noch abwarten; wenn niemand kommt, werde ich versuchen, mit einem Verwandten, einem Anwalt Kontakt aufzunehmen. Trugschlüsse, Gedankenblitze, Einfälle, Absurdes, instinktive Folgerungen.

Irgendwann ein Gefühl, als ob ich aus der Narkose erwache. Schwindel, Kopfschmerzen, Übelkeit. Rechts von mir sitzen zwei Schatten; einer, der aussieht wie ein Pfleger und einer mit blauer Uniform. Aus ihrem Gemurmel schnappe ich ein paar Worte auf: »Selbstmörder«, »verschwinden lassen«, »Dachterrasse«, »fünfzig Millionen.«

»So viel Geld? Warum?«

»Wir werden ihn nicht zum Helden machen«, antwortet der in blau.

»Für das Geld lasse ich ihn sofort verschwinden. Gib mir ein Feuerzeug, dass ich ihn losmache.«

Ein lautstarker Dialog, wie von unerfahrenen Schauspielern gesprochen. Sie haben mich gesehen und verschwinden. Für mich waren sie glaubwürdig. Ihren Job haben sie erledigt. Eine unbestimmte Angst, die im Raum hing, beginnt, einen Grund zu haben.

Die Bereitwilligen

Das Warten im Ungewissen, das Unbekannte, die Unsicherheit, die Drohungen zeigen, dass ich nichts erwarten oder erhoffen kann. Ich bin auf mich selbst gestellt. An meinem Finger ist eine Klammer befestigt. Wann immer ich sie entferne, piept es. Das probiere ich. Eine Krankenschwester kommt herein, um die Klammer wieder anzubringen und ich bitte um Hilfe. Sie verschwindet ohne ein Wort. Später kommt sie wieder, oder eine Andere und ich bitte darum, telefonieren zu dürfen.

»Es gibt keins« antwortet sie einsilbig.

»Aber ich kann es doch immer wieder klingeln hören«

»Der Stationschef erlaubt das nicht.«

»Kann ich Ihnen dann die Nummern geben, damit Sie anrufen...«
Unglaublich, was dann geschieht. Es ist, als hätte ich ein Zauberwort ausgesprochen, noch ehe ich meinen Satz zu Ende gebracht habe. Der Raum ist plötzlich voll von Leuten! Wo waren die alle die letzten beiden Tage, woher sind sie so plötzlich aufgetaucht?
Alles stürzt sich auf mich. »Ja«, höre ich es von hier, »schieß los« von dort. »Ich habe Stift und Papier bereit« sagt ein anderer, »sprich« tönt es von weiter weg. Ich bin gerührt. Unter Schwierigkeiten erinnere ich mich an die täglich gebrauchten Telefonnummern. Selbst die von Zuhause. Sie nehmen sie einer nach dem anderen auf und rennen los. Welche Zuvorkommenheit! Als ich Stunden später nachfrage bekomme ich ein trockenes »es antwortet keiner« zu hören. Schluss der Höflichkeit. Wie sollten sie auch antworten, wo sie doch vor der Türe warten und zu hören bekommen, ich läge im Koma?
Die Sache wird ernst, ich muss einen Anwalt finden. Ich hatte die Nummer eines Freundes angegeben, der das Haus eines bekannten Rechtsanwaltes dekoriert hatte, den hätte ich darum gebeten, mit dem Anwalt zu reden aber die Nummer bringt das gleiche Ergebnis, wie die anderen Telefonate. Wenn er gekommen wäre, hätte ich ihn bei der Gelegenheit auch um sein Feuerzeug gebeten, vielleicht hätte ich mich damit losmachen können. Die Stricke schneiden das Blut ab, was mein Asthma noch verschlimmert und das Gefühl der Schwäche verstärkt, zu jedermanns Spielball gemacht worden zu sein. Und diese Gereiztheit! Warum behandeln sie mich so rauh. Wenn ihnen ihre Arbeit nicht gefällt, warum machen sie sie dann, hat sie jemand dazu gezwungen? Oder sind es vielleicht gar keine Krankenschwestern?
Wieder streife ich die Klammer vom Finger und es piept. Eine Schwester taucht auf, um sie wieder anzubringen. Ich ergreife die Gelegenheit.
»Bitte, könnten Sie vielleicht meine Frau anrufen und sie bitten zu kommen?« frage ich und nenne die Telefonnummer. Ich sehe, wie sie sich die Nummer notiert und dann abwartet. »Haben Sie die Nummer aufgeschrieben?« frage ich und höre, wie sie von weither antwortet während ihr Bild immer noch, als sei dies völlig normal, neben meinem Bett steht. Ich sehe das, was ich sehen will, nicht das, was tatsächlich geschieht. Nichts besonderes. Aber in diesem Fall unglaublich drastisch. Zum ersten Mal habe ich keine unscharfen, sondern ganz bestimmte Wahnvorstellungen. Nicht mehr solche, für die ich mein Hirn für nicht verantwortlich hielt, sondern solche, bei deren Entstehung es offensichtlich beteiligt war.

Nach kurzer Zeit kommt wahrscheinlich die selbe Schwester zurück und tut so, als würde sie meine Schläuche richten. »Hat sie ein Mobiltelefon«, fragt sie leise und zeichnet mit dem Finger ein Display mit zehn Nummern auf meine Brust. Drei Dreierreihen und die Null, damit ich die Nummer zeigen kann. Aber so sehr ich auch versuche, mich zu konzentrieren, ich kann mich nicht erinnern, verwechsle die Zahlen, verliere die Orientierung im Plan. Ein Misserfolg. Ich erreichte aber etwas anderes. Die Stationsoberschwester taucht auf wütend schreiend: »schämst du dich nicht? Du weißt doch, dass es verboten ist, warum tust du das dann?«

Gleichzeitig schreit auch die arme Krankenschwester, um sich zu rechtfertigen. Warum denn solche Aufregung? Was ist den Böses geschehen? Warum benehmen sie sich so, vielleicht wollen sie Geld? Ein Pfleger nähert sich, für eine Untersuchung vielleicht, was auch immer. Ich probiere es.

»Könnten Sie bitte meine Frau anrufen und sie bitten zu kommen und auch Geld für Ihre Auslagen mitzubringen?«

»Warum, willst du mich vielleicht bezahlen?« meint er ironisch und entfernt sich lauthals und wie ein Psychopath lachend, dermaßen schadenfroh, dass es mich am ganzen Körper kalt überläuft. Das ist kein Scherz. Sollen sie mir doch die Rechnung bringen und ich verschwinde hier.

Alle sind weg. Wieder und wieder habe ich ihnen die selben Telefonnummern gegeben, aber das Interesse ist erloschen. Danach Schweigen, Isolation, Angst. Ich bleibe mit meinen Gedanken allein, soweit die noch vorhanden sind, soweit ich ihnen noch trauen kann, soweit sie mich noch nicht verraten haben.

Aus Versehen

Sie haben gar nicht vor, irgendjemand zu informieren, man will mich verschwinden lassen. Bestimmt haben sie kapiert, dass ich den mit der blauen Uniform gehört habe. Sie werden mich von der Dachterrasse stoßen. Und ich vertrage das Fallen nicht. Das habe ich im Traum hundertmal erlebt. Es ist der Höhepunkt an Angst und der Machtlosigkeit, etwas zu tun oder Gehör zu finden und ich durchlebe ihn schon jetzt. Ich werde sie reinlegen. Werde ihre Pläne sabotieren. Mich vorher umbringen. Vor kurzem ist eine Schwester vorbeigekommen und hat mir eine Sauerstoffmaske aufgesetzt und ein Thermometer unter die Achsel geschoben.

»Ist das ein digitales?«, frage ich.

»Nein.«

Sehr gut. Ein Quecksilberthermometer in zehn Zentimeter Entfernung von meinem Mund. Keiner wird rechtzeitig etwas merken. Und dann, wenn sie mich von der Dachterrasse werfen, wird der Gerichtsarzt feststellen, dass ich schon tot war (!). Die Schwestern bleiben bei allem, was sie tun, möglichst kurz im Raum. Wenn sie das Thermometer anlegen, verschwinden sie schnell und kommen kurz darauf wieder. Ich werde das nächste Mal abwarten. Aber irgendetwas ist mit dem Sauerstoff nicht in Ordnung. Er hat einen merkwürdig rosafarbenen Geruch. Mit der Zeit beginne ich zu versinken, mich zu verlieren und schaffe es nicht, mich umzubringen.

Im Hintergrund höre ich das Geräusch von kleinen Rädern. Ich bin an dem Punkt angelangt, alles Reale durch Wahnvorstellungen zu ergänzen. Ein »Tack« und sofort führt mein Gehirn eine komplette Vorstellung auf, die es auf eine inverse Art auslegt. Es plaziert unbewusst den »Tack« oder irgendeinen tatsächlichen Reiz in der Zukunft und, wohl wissend, dass dieser eintreten wird, erfindet es eine Geschichte, immer im Einklang mit dem augenblicklichen Empfinden, das den »Tack« erklärt. Der wiederum seinerseits, weil er in der Zukunft passiert, jedes Mal die paranoiden Vorstellungen bestätigt, die die Geschichte kreieren.

Ich höre die Räder und sehe, wie sie einen Wagen voller Pappkartons ziehen. Das war's, sie werden mich zudecken und zur Dachterrasse bringen, ohne das mich irgendjemand bemerkt. Ich muss etwas tun, sie kommen näher. Man nimmt mir die Sauerstoffmaske ab und ich bekomme etwas anderes mit einer tragbaren Flasche. Nach und nach wird mir schwindelig. Neuer Plan, sie wollen mich einschläfern. Ich kann mich nicht umbringen ohne das Thermometer. Außerdem können sie sowieso ihren eigenen Gerichtsarzt einsetzen. Ich werde so tun, als schliefe ich und sobald sie mich auf den Flur schieben und ich Leute höre, werde ich anfangen zu schreien und versuchen, aus den Pappkartons zu kommen. Irgendjemand muss unbedingt mitkriegen, dass ich hier bin. Bevor sie mich in Stücke reißen.

Ich halte den Atem an. Lasse den Kopf zur Seite und die Kinnlade herunter fallen. Tue so, als würde ich tief einatmen. Sie nehmen die Maske ab; glauben, ich wäre eingeschlafen. Aber anstatt mich in die Pappkartons zu packen, beginnen sie eine Wunde am Hals, unterhalb des rechten Ohrs zu säubern. Mein Kopf wird hin und her gezerrt. Ich verziehe das Gesicht nicht im geringsten, sowieso schmerzt es nur leicht, obwohl mich die Explosion schwer verletzt hat. Ich hatte, vielleicht seit gestern, ein Pflaster dort, was mir nicht aufgefallen war.

Letztendlich habe ich mich geirrt, man wird mich nicht verpacken. Trotzdem werde ich nichts sagen, damit ich den Trick wiederholen kann. Ich hole tief Luft und tue so, als würde ich gerade erwachen.

»Hat er was mitgekriegt?«, höre ich eine Frauenstimme.

»Was war los? Habe ich geschlafen?... Ich erinnere mich nicht. Bin ich eingeschlafen?...«

Statt einer Antwort setzen sie mir die Sauerstoffmaske wieder auf und verschwinden.

Ein seltsamer Psychiater
Irgendwas stimmt nicht mit diesem Sauerstoff. Und mit den Stricken werden die Atembeschwerden einfach unerträglich. Sie binden mich für keinen Augenblick los. Wenn die Verbände gewechselt werden, bindet man eine Hand los und sobald der Arzt fertig ist, binden sie sie wieder fest. Einmal wurde das Betttuch gewechselt; dafür war eine ganze Horde im Einsatz, die Stricke einen nach dem anderen zu lösen und wieder festzumachen und dabei das Tuch unter mir durchzuziehen. Mit der Zeit fühle ich mich, als sei ich am Ersticken, ich entwickele eine Art Allergie, so als ob ich am ganzen Körper, innen wie außen, Pickel bekomme.

Sie werden mich verschwinden lassen, daran besteht kein Zweifel. Das haben sie selbst gesagt, als sie glaubten, ich schliefe. Ich muss das irgendwie bekannt machen, aber wem, ich traue niemandem... Es gibt keine andere Lösung, ich werde es dem ersten Besten der kommt anvertrauen. Vielleicht kriegt es so jemand mit, der davon nichts weis.

Es folgten viele Gespräche, Proteste, Streit. Niemand versuchte mich vom Gegenteil zu überzeugen, mich zu beruhigen oder mir das Gefühl der Sicherheit zu geben. Alle Fragen waren von der Art: »Wer hat dir das gesagt?« oder »Wo hast du das gehört?«

»Ich habe mitbekommen, wie es der in der blauen Uniform mit dem Pfleger diskutierte.«

»Blaue Uniform? Aha! Du kannst also sehen! Der wird nicht wieder kommen.«, war die einzige Antwort.

Danach habe ich eine ständige Augenbinde bekommen. Bei jeder Gelegenheit versuche ich, meinen Körper möglichst nah an die festgebundene

Hand schiebend, diese leicht anzuheben, um zu sehen. Zwar verschwommen und dunkel kann ich zumindest etwas erkennen. Aus der Nähe mehr, so wie durch einen trüben Kristall hindurch. Wenn ich die Augen schließe, verschwindet die verschwommene Wirklichkeit. Übrig bleiben die Wahnvorstellungen, glasklar, nur das die Bewegungen spastisch, hektisch, unnatürlich sind.

Einige Stunden sind vergangen. Während ich versuche, mir über meinen neuen Misserfolg Rechenschaft abzulegen, geraten die Dinge in Aufruhr. Leute kommen und gehen.

»Savvas, ich bin der Psychiater des Tzaneio Krankenhauses«, höre ich eine Stimme und sehe den Ministerpräsidenten in einer Lichtsäule mit seiner Gattin am Fußende meines Bette stehen.

»Und ich bin auch Psychiaterin«, erklärt diese stolz.

»Du sei ruhig«, sagt er ihr streng und beginnt mich zu untersuchen, während ich weit weg von ihm liege, nackt, gefesselt und mit Augenbinde.

»Hattest du jemals den Wunsch... dich umzubringen?«

Das hat noch gefehlt, es reicht nicht, dass sie mich um die Ecke bringen wollen, jetzt wollen sie auch noch eine ärztliche Diagnose.

»Nein, ich bin immer optimistisch, selbst in den schwierigsten Situationen.«

»Warst du in der Vergangenheit wegen irgendetwas in Behandlung oder hast du Psychopharmaka bekommen?«

»Außer dem Asthmaspray nehme ich nicht einmal Aspirin.«

»Beim Militär?«

»Ich war T2.«

»Hmm... T2. Na gut, wenn du irgendwelche Hilfe oder ein Medikament brauchst, wir sind hier, du brauchst nur zu rufen.«

»Nein, nein, mir geht es gut, mir fehlt nichts.«

Mit dieser Eigendiagnose nach wenigen Minuten endet die ach so tiefschürfende Untersuchung in einer ernsten und gründlich wissenschaftlichen psychiatrischen Studie. Eines Professors der renommierten Psychiatrischen Klinik Aiginiteio, wie er selbst zwei Monate später offenbaren wird. Und das Schlimmste, dieser Mensch wird hier jeden Moment wieder auftauchen.

Gaskammer
Sie sind vor Stunden gegangen. Es herrscht eine verdächtige Ruhe. Irgendwann beginnen ganz zaghaft gelbe Gase aufzutauchen. Sie breiten sich immer weiter aus, werden dichter, bedecken und überdecken alles andere, erst am Boden und dann bis zur Decke. Jetzt gibt es nichts mehr außer einer dichten gelben Farbe um mich herum. Sie vergiften mich. Ich muss kämpfen, überleben, anklagen. Ich muss aufrecht bleiben, am Leben, bis mich jemand findet.

Die Maske, vielleicht ist der Sauerstoff schuld; ich versuche sie abzubekommen..., schwierig. Ich atme ganz flach. Die Gase ganz oben an der Decke werden lichter. Ich schaffe es, die Maske etwas runterzuziehen, hole Luft, der Raum wird lichter, ich bin gerettet. Aber nicht für lange. Irgendjemand kommt, korrigiert, stellt neu ein. Nun kommen sie im stärkerem Ansturm. Vielleicht ist es doch nicht der Sauerstoff? Ich drücke den Schlauch auf meiner Hand ab... sie werden weniger. Es ist ein Zusammenwirken von beidem! Die Gase beobachtend reguliere ich den Durchfluss so, dass sich die Farbe nicht verstärkt und ich die Schatten um mich herum im Blick behalte. So gewinne ich weitere zwei Stunden. Danach wird's schwierig. Eine Gruppe kommt und bringt eine Kanüle mit zwei Zuführungen an; jetzt habe ich vier. Während sie einstechen, fragen sie mich, ob es weh tut. Ich fühle überhaupt nichts. In Kürze kehren die Gase zurück, das Medikament fließt jetzt durch eine der neuen Schläuche. Ich klemme es ab, aber nach zehn Sekunden ertönt ein Alarmton. Aufruhr.

»Was ist los?«, wird wütend gefragt. »Reißt er das ab?«

Ich stelle mich dumm, sie schauen nach, es ist alles an Ort und Stelle. Dumm gelaufen. Ich muss das Ding rausziehen, so dass es nach unten tropft. Ich ziehe mit aller Kraft... unmöglich. Es ist im Fleisch festgenäht. Dann will ich wenigstens die Dosis abschwächen. Fünf Sekunden laufen lassen, fünf Sekunden abklemmen. Die Geschwindigkeit, mit der sich die Gase im Raum ausbreiten, vermindert sich. Ich muss auch den Sauerstoff vermindern, atme durch den Mundwinkel. Sie werden weniger, aber es reicht nicht. Ich beginne, meine Muskeln anzuspannen, ohne mich zu bewegen. Endlich reinigt sich die Luft. Aber wie lange werde ich durchhalten? Schon setzt der Straßenlärm wieder ein. Der nächste Tag beginnt. Draußen, nicht hier drinnen. Irgendwann werde ich müde, halte ein und danach ist es schwieriger, die Luft wieder sauber zu bekommen. Ich schelte mich selbst. Arbeite du Faulpelz, nicht aufhören, sei unermüdlich, arbeite. Vielleicht stecken sie auf, vielleicht geht es zuende, vielleicht lassen sie sich entmutigen, was dies Methode betrifft, wenn diese erste Welle vorbei geht, vielleicht gibt es dann eine Pause bis zur nächsten.

Bis du die andere Seite erreichst

Herbst '72
Nun bin ich schon groß geworden. Ich bin 10 Jahre alt und muss arbeiten. Muss Verantwortung übernehmen. Im Garten, bei den Tieren und natürlich dem Vater helfen. Jeden Mittag bringe ich den Erwerbslosen der Gemeinde das Essen. Die blinde Großmutter erwartet mich jeden Tag in stummer Freude an der Tür. Etwas weiter wohnt der Alte in seiner Baracke aus Pappe. Dann die Witwe, die ihr Haus nach dem Tod ihrer einzigen Stütze, ihrer Tochter, der Lehrerin, in ein dunkles Grab verwandelt und sich selbst darin lebendig begraben hat. Sie zeigt mir den Platz, wo sie immer gesessen hatte, den Mantel am Garderobehaken, die Trillerpfeife aus der Schule und weint lauthals. Es färbt mir die Seele schwarz und das Bonbon, das sie mir gibt, hat einen bitteren Geschmack.

Soviel Schmerz, Einsamkeit und Verlassensein, von denen wir nie erfahren werden. Die existieren, ob wir sie nun kennen oder ignorieren, mitleiden oder unberührt bleiben. Niemand wird kommen und uns davon erzählen. So wie das Paar, das sich, von allen vergessen, in der Wohnung einschloss, einfach um zu sterben.

Zwanzig Jahre später...

Ich beobachte einen Alten, wie er aus der Postbank kommt. Eben hat er seine Rente bekommen. Sein Gesicht wird von einem breiten Lächeln erleuchtet, das er nicht zurückhalten kann. Während er die Straße überquert, verlischt langsam das Lächeln. Bei mir angekommen ist Traurigkeit in seinen Augen zu sehen. Bis hierher reichte die Freude und nun sitzt er an der Haltestelle wie ein Kind, das man hereingelegt hat. Wer sind die Verantwortlichen für die Armut und das Elend? Haben sie jemals versucht, nicht einen Monat, aber einen einzigen Tag mit einer derartigen Rente zu überstehen?

Ich steige in die Elektrische und bin Zeuge einer alltäglichen Szene. »Meine Damen und Herren, ich bin Rentner bei der Kasse für Selbständige.« Er

braucht gar nicht mehr zu sagen, damit die Anwesenden seine Not verstehen.
Was hat sich, 20 Jahre später, geändert?

Mittwoch 3.
Die beiden Besuche

Wellen und Fluktuationen
Eine Sirene ertönt, wie bei einem Alarm für eine Luftangriff. Sie nähert sich, wird lauter, wird zum Wirbel, ergreift, saugt alle übrigen Geräusche ein und verwandelt sich in ein langanhaltendes Pfeifen. Das danach bricht, wie Glas in Stücke zerspringt, zu Noten wird. Eine nervöse durchdringende Musik. Sie hat am Abend, zusammen mit den Gasen eingesetzt, aber jetzt ist sie stärker geworden und ertönt ununterbrochen. Ich wundere mich keineswegs, das alles geschieht wirklich.

Ich lebe in einer Parallelwelt, in der ich davon ausgehe, dass alles, was ich denke, begreife, um mich herum wahrnehme, den Gesetzen der Logik gehorcht.

Ich bin von der Idee durchdrungen, dass man mich verschwinden lassen will. Ich kämpfe weiterhin mit den Psychopharmaka, im Chaos versunken, von drohenden Schatten umgeben, unter Atemnot, dem Gelb, dass mir den Boden unter den Füßen entzieht, den Stricken und diesem Pfeifen, der Musik, die mir das Hirn durchlöchern. Wenn eine Flasche zuende ist, gibt es eine kurze Pause, bis die nächste am Tropf aufgehängt wird. Dann weichen die Gase zurück, mildert sich die Atemnot und die Gedanken verzetteln sich nicht sehr. Dann finde ich die Kraft um anzugreifen. Und die Gelegenheit, weil jemand kommt, um die Flasche zu wechseln.

»Meine Freunde werden euch umlegen«, schreie ich, »sie haben eure Namensliste... Keiner wird ungeschoren davonkommen, für das, was ihr mir hier antut.« Vergeblich. In Rage versuche ich mich loszureißen. Ein Riemen reißt und der Fuß, der über der Wunde festgebunden war, ist frei. Welch eine Erleichterung! Nicht für lange, sie binden ihn in blitzschnell und noch fester wieder an, die Wunde wird schlimmer. An der kaputten Hand hat der Riemen so sehr eingeschnitten, dass der Eiter ins Bett gespritzt ist. Ich fühle Nadeln. Zwei Tage später hat noch immer niemand den Verband gewechselt.

»Wir haben Wichtigeres zu tun«, antwortet mir jemand, nach unzähligen Protesten, kurz angebunden.

Sie scherzen nicht. Man hält mich irgendwo versteckt, vollständig isoliert. Niemand wird benachrichtigt, niemand sagt mir, wo ich bin. Wer sind sie? Mich umgibt ein gesinnungsloses Gesindel. Sie führen erfüllen keine Pflichten oder Verpflichtungen, sie verhalten sich nicht wie Ärzte, wie Pfleger, sie halten sich nicht an Versprechen oder den Hippokratischen Eid. Sie gehorchen Befehlen. Die größte Macht hat bis jetzt die Oberschwester ausgeübt, eine der Stimme nach zu urteilen etwa sechzigjährige Megäre.

Man verbietet mir einen Anwalt, Verwandte, Freunde zu sehen. Ich werde ihnen sagen, dass ich mich stellen will, damit ich aus dieser Hölle rauskomme. Sollen sie mich doch vor Gericht stellen, für was immer man mir vorwirft. Ich werde sie auffordern, mich der Polizei zu übergeben, vielleicht kann ich so ihren Krallen entkommen. Ich habe gehört, dass ich das Recht auf einen Anwalt habe, sobald ich verhaftet werde. Ich glaube, dass ich von Ausländern festgehalten werde und deswegen frage ich jeden, der sich mir nähert, explizit nach der griechischen Polizei. Nicht, um zu feilschen, um mich oder andere zu verkaufen; das sehen sie, das ist offensichtlich und deswegen lässt sich momentan noch niemand sehen. Aber ich muss hier weg, muss hier unter allen Umständen raus, ich halte es nicht länger aus, sonst werde ich zum Zombie, so wie sie mein Gehirn mit den Psychopharmaka kontrollieren.

Kontrolle, Psychopharmaka, Zombie, das sind Gedanken, die kommen und gleich wieder gehen. Gedanken, die nicht gedacht werden könnten, wenn der Fall aus der Logik in das Absurde gradlinig und gleichmäßig verlaufen würde. Aber hier erfolgt er fluktuierend. Bis zu einem Punkt, jedes Mal weniger kehrt die Logik zurück und weicht sofort danach wieder wie in einem Alptraum dem gestärkten Absurden. Wenn das Absurde zurückweicht, kann ich ein paar klare Gedanken sammeln. Andere Male gelingt es mir, einige Ziele zu setzten; von unwichtigen bis lächerlichen, aber schrecklich kompliziert, bis unerreichbar in meinen Versuchen gegen das Absurde anzukämpfen, dass in jeder neuen Welle des Chaos herrscht.

Und natürlich kommt auch die Musik wieder, schwillt an. Wer singt? Gegenüber, in einiger Entfernung sehe ich einen gebeugten Alten, immer in Bewegung, mit durchdringender Stimme. Er trägt eine Mönchskappe und graublaue Kleidung, gemacht aus den Laken, die in Stapeln hinter ihm liegen. Eine dickglasige Brille lässt seine Augen riesig erscheinen. Er steht hinter einer alten Nähmaschine die er ausdauernd rühmt und besingt, bevor er sich zum Steppstich im Rhythmus der Musik niedersetzt. Er schmiert sie ein, er poliert sie, singend, setzt ihr die Garnspule auf, die sich in seinen Händen in eine Mundharmonika verwandelt und spielt auf dieser hingebungsvoll, ernst und mit Pathos. Dann wieder diese greisenhafte durchdringende Stimme. Ich verstehe auch die Worte...

»Lumpen, Läppchen, Fetzennähmaschine, wir sind zusammen alt geworden, Steppstich, Steppstich, tanz nicht aus der Reihe, Fetzennähmaschine...« wiederholt er unaufhörlich. Der Gesang ähnelt einem Kinderlied, wird aber mit großem Schmerz und tiefer Trauer, mit Unruhe und Anspannung, unbestimmter Nostalgie und Traurigkeit vorgetragen. Um ihn herum, Gegenstände, die sich von selbst bewegen, körperlose Menschen ohne Augen oder mit Flügeln aus Schaumstoff. Die einen um zu beobachten, die anderen um zuzupacken. Und alles macht mit, eingereiht im Rhythmus und den Gefühlen der Musik.

Der Herr Chefarzt
»Savvas«, ertönt eine Stimme und die Schattenmenschen verschwinden wie vom Teufel gejagt, »ich bin der Chefarzt des Tzaneio Krankenhauses«.

Der Raum ist leer, Ruhe herrscht, nur die Gase bleiben. Wo sind alle hin? Ich drehe mich um und sehe den Schneider müde an seiner Maschine sitzen, er stützt sich mit einer Hand auf die Nähmaschine, hat den Kopf gebeugt und wirft schuldbewusste Blicke auf den Chefarzt. Der steht vor meinem Bett und stellt vor:

»Hier die Oberschwester. Wir haben das Tzaneio zusammen aufgebaut, damals, nach meiner Rückkehr aus Amerika. Sie war Krankenschwester als wir heirateten und nach und nach haben wir das Krankenhaus aufgebaut.«

Schon wieder legt mir diese Megäre Steine in den Weg, denke ich, ich frage nach der Polizei und sie bringt mir ihren Mann. Aber ein Gespräch ist im Moment ein Rettungsring und so klammere ich mich verzweifelt daran.

»Glückwunsch, Herr Chefarzt, wurde auch Zeit, dass mal etwas in Piräus gemacht wurde, sonst kümmert man sich immer nur um Athen.«

»Wir versuchen immer noch, es so gut wie möglich zu modernisieren.«

Er spricht über Modernisierung an einem Ort, der einer Tiefgarage gleicht. Führt das Gespräch ziellos von einem Thema zum anderen, stellt unnütze und sinnlose Fragen. Er hat die Oberhand, mir gelingt es nicht, meine Fragen zu stellen. Aber die habe ich, kaum habe ich Gesellschaft gefunden, sowieso vergessen.

Er kommt zu den wichtigeren Themen:
»Welche Fußballmannschaft hast du?«
»Fußball hat mich nie interessiert.«
»Auch als Kind nicht?«, hakt er nach.
»Uns Priesterkinder rechnet man automatisch zum AEK wegen des Orthodoxen Doppeladlers im Wappen.«
Vor Erschöpfung kommen die Worte mühsam und einzeln, oft unvollständig wegen der Atemnot, aber ich halte durch, weil beide Seiten etwas davon haben. Aber obwohl ich meinerseits alles glaube, was er von sich gibt, und sei es auch noch so unglaublich oder lächerlich, scheint ihn das Ergebnis nicht zufriedenzustellen, den er wird zusehends ärgerlich.

Die Dosis wird erhöht
Sie sind gegangen. Sobald die Tür zuschlägt, als ob man auf einen Knopf gedrückt hätte, beginnt der Schneider mit der durchdringenden Stimme sein Lied zu singen. Die Trugbilder tauchen von irgendwoher wieder auf, umringen mich drohend und quälen mich. Ich kämpfe mit den Gasen und der Zeit. Ich habe schon sechs Flaschen gezählt, danach weitere zehn und dann bin ich durcheinander gekommen, vielleicht noch zehn, ich weiß es nicht, weil die Gase jetzt durchgängig bleiben, keine Lücke beim Flaschenwechsel lassen. Das Gelb steigt unaufhaltsam. Mir ist, als würden sie viele Matratzen auf mir aufstapeln, so dass ich fast zerberste. Sie blieben für viele Stunden, bis ich es nicht mehr aushalten konnte. Irgendwann sind sie verschwunden, eine nach der anderen und dann begannen die Dinge um mich herum zu wachsen und ich selbst zu schrumpfen, alles wurde riesig und bedrohte mich. Irgendwas stimmt nicht mit meinen Augen. Sie arbeiten nicht richtig, sehen seltsame Dinge. Alles passt sich aber der Beklemmung und dem Rhythmus des Schneiders an. Lichter, die wachsen und sich auf mich stürzen, Gegenstände, Geräusche; ich kann sogar den Schweiß fließen hören, den Luftzug, der entsteht, wenn sich jemand bewegt. Und das alles kommt mir ganz normal vor.

Die wenigen Bruchstücke an Informationen, die ich aufschnappe oder die paar Schlüsse, die ich ziehe, ob nun richtig oder falsch, gelten immer nur für den Augenblick. Entweder ich vergesse sie sofort wieder, oder ich kann sie untereinander nicht in Beziehung setzen. Mein Gehirn ist nicht in der Lage für das, was um mich herum vorgeht, für jedes neue Geschehen, Zusammenhänge zu erfassen, sich an Gleiches oder Gegenteiliges zu erinnern oder etwas zu widerlegen. Mir gelingt es nicht, ältere Informationen, die in unmittelbarem, sei es negativen, sei es positiven Zusammenhang mit neuen stehen, zusammenzubringen.

Aber nicht einmal neue kann ich in Verbindung setzten, wie die, die ich aus der ohnehin absurden Deutung der jüngsten, nur Stunden zurückliegenden Erfahrung schöpfen konnte. Wenn das ginge, würde es mich möglicherweise zu richtigeren Schlussfolgerungen führen. Da aber so jede vorhergehende Erfahrung ausgeschlossen wird, steht jede neue für sich allein, abgetrennt von der Vergangenheit. Ich akzeptiere sie so, wie sie ist, mit den ihr eigenen Regeln, ohne jede Prüfung. Sie ist wahr, ist Realität und was immer geschieht ist für den Augenblick, in dem es geschieht, völlig natürlich.

Der finstere Raum
Wenn die Logik immer mehr außer Kraft gesetzt wird, verliert sie auch ihre Funktion als Korrektiv für das Gefühl. Dieses beginnt alles zu beherrschen und wird gleichzeitig vom Kampf gegen die Gase bestimmt. Dem gleichen Ziel dient auch die Finsternis. Wenn ein Mensch in seinem täglichen Leben tagsüber anders denkt als nachts, wenn er also beim gleichen Thema zu verschiedenen Schlüssen oder aber auf verschiedenen Wegen zu ungefähr den gleichen Schlüssen gelangt – weil in der Regel am Tage die Logik, nachts dagegen da Gefühl die Oberhand hat – dann ist der Entzug jeglichen Lichtes und jeglichen Berührungskontaktes mit dem Raum in einer derartigen Grenzsituation gleichbedeutend mit dem Verlust jeder Hoffnung auf einen Ausweg.

Die wenigen matten Lichtstrahlen im Raum erzeugen trübschimmernde Schatten, die ständig ihre Form ändern, sich bewegen und sich in bleiche Schleier verwandeln, die die Halluzinationen hervorbringen, ihnen Form verleihen. In dieser schwachen Beleuchtung arbeiten die Krankenschwestern, die nur ganz selten und wenn es wirklich schwierig wird, eine Taschenlampe einschalten. Irgend jemand hier drinnen, der lediglich seinen Dienst abschiebt, leidet wie ich unter einem Mangel an Bildern. Er schiebt ein wenig den Vorhang zur Seite und es fällt Licht ins Zimmer.

Aber nicht für lange, es ertönen ärgerliche Rufe und er schließt die Vorhänge wieder. Aber der Augenblick hat gereicht. Hat die Dunkelheit zerstreut, einen Weg geöffnet, es gibt noch Licht, es gibt noch den Tag, er ist noch nicht vernichtet. Für mich ist es vielleicht für immer Nacht geworden. Ich weiß nicht, ob ich jemals aus dieser Finsternis entkommen werde. Dieser Lichtstrahl ist vielleicht der letzte und ich nehme ihn mit unendlichem Durst in mich auf! Das Gehirn fängt an zu arbeiten. Es sucht nach etwas Fixem aus der Vergangenheit, auf das es eine weitere Hoffnung gründen kann. Ein Gedanke erwacht erneut. Verbindung mit draußen aufnehmen. Ich werde einen neuen Weg versuchen, wenn dies hier ein Krankenhaus ist, dann haben sie einen Priester. Ich weiß, dass Priester auch auf die Intensivstation dürfen. Irgendjemand hat vorhin gerufen und die Schatten vertrieben. Er ist ganz in meiner Nähe. Ich rede, ohne zu wissen, ob er mich hört...

... und der finstere Typ
Nach stundenlangem Warten höre ich eine bekannte Stimme.
»Savvas, ich bin der Chefarzt des Tzaneio. Du hast nach einem Priester gefragt?«
Schon wieder der. Egal ob ich nach der Polizei oder einem Priester frage, immer taucht er auf.
»Ich wollte den Priester des Tzaneio sprechen.«
»Das Tzaneio hat keinen Priester, wenn einer gebraucht wird, rufen wir den von der Kirche nebenan«, erklärt er und beginnt mit betrübter Mine über sein eigenes Leben zu sprechen.
»Weißt du Savvas, auch ich komme aus einer Priesterfamilie. Mein Vater hat 55 Jahre lang gepredigt. Hat mich mit großen Mühen und Entbehrungen studieren lassen können und nun habe ich ihn verloren. Ich habe der Kirche eine Ikone des segnenden Jesus versprochen. Womit verdienst du deinen Lebensunterhalt?«
»Ikonenmalerei.«
»Ich hätte gerne, dass du mir diese Ikone malst.«
Bestechungen in Krankenhäusern sind mir bekannt gewesen, aber eine Ikonenbestellung auf der Intensivstation überschreitet, glaube ich, die Grenzen.
»Wenn Sie mir einen Platz im Tzaneio bereitstellen können, dann kann

mir meine Frau die Farben bringen... Wie groß soll das Bild denn sein? Für welche Kirche ist es?«

Ich glaube, was ich sage, denke, dass ich aufstehen und malen werde.

»Ungefähr einmeterzwanzig. Es ist ein Geschenk für die Kirche in meinem Dorf.«

»Ah, bei der Größe müssen Sie eine Genehmigung vom dortigen Gemeindepriester einholen. Man kann nicht einfach anbringen, was man will.«

»Na gut, ich muss jetzt weg, wieder operieren.«

»Was für eine Operation?«, versuche ich ihn so lang wie möglich im Gespräch festzuhalten.

»Ein elfjähriges Kind mit einer Kopfverletzung.«

»Ist es schwer verletzt? Wie ist das passiert?«

»Mit einem Mofa. Ist ohne Helm gefahren und auf die Anhängerkupplung des Vorausfahrenden geknallt.«

»Ist es sehr ernst?«

»Wahrscheinlich wird es nicht überleben«, sagt er schroff.

Anfangs hätte ich ihn beinahe gemocht, aber nun antwortet er gezwungen und kann nur mit Mühe seinen Ärger verbergen. Ich versuche die Situation zu retten, so gut es geht.

»Ist die Oberschwester hier?«

»Ich bin hier«, antwortet es automatisch und ich wiederhole instinktiv mein Sprüchlein.

»Meinen Glückwunsch zum Tzaneio. Sie haben gute Arbeit geleistet. Wurde auch Zeit, dass mal etwas in Piräus gemacht wurde, sonst kümmert man sich immer nur um Athen.«

Während ich aus keinem anderen Grund als dem Versuch, ihre Aufmerksamkeit zu fesseln rede, damit sie nicht gehen, ertappe ich mich dabei, meine Worte daraufhin abzustimmen, zu sagen, was der andere hören will. Andererseits haben meine Antworten wenig Bezug zur Wirklichkeit aber doch nicht so wenig, wie der Chefarzt gerne hätte. Was ihn wahrscheinlich ungeheuer aufregt, denn er brüllt wütend:

»Hast du nicht gesagt, du wärest AEK Anhänger? Dann viel Spaß mit der Vereinsfarbe..« und verschwindet.

Das Gelb! Er weiß, was ich sehe, ohne dass ich das irgendjemandem erzählt habe! Und er sagt mir das mit solcher Bösartigkeit, so als wolle er sich für irgendetwas rächen, was ich nicht gut gemacht habe. Der Chefarzt, der aus dem OP kommt und wieder dorthin zurückeilt, um weiterzuoperieren, ohne dass er einen Ärztekittel trägt. Der Priestersohn. Wer ist das? Ich muss aufpassen, was ich sage, damit ich sie nicht nerve und sie weggehen. Ich erinnere mich an nichts, kein vorangegangener Schluss hat sich mir eingeprägt. Ich weiß nur, dass solange ich mit dem Chefarzt rede die Halluzinationen und die Musik Ruhe geben. Jetzt... ohne jeden ersichtlichen Grund beschleicht mich eine unbegründete Furcht.

»Ist jemand hier?«

Meine Stimme hallt wie in einem leeren Saal. Keine Antwort.

»Ist jemand hier?«, frage ich immer wieder.

Die Stunden vergehen. Irgendwann hat jemand Mitleid. Eine Krankenschwester setzt sich neben mich auf einen griffbereiten Stuhl, der hier irgendwo rumstand und hält eine Weile meine Hand. Ich muss hohes Fieber haben, denn ihre Hand fühlt sich eiskalt an. Sie bleibt nicht lange, aber es war mir eine große Hilfe. Sie hat mich an der Hand aus einem tiefen Brunnen gezogen. An der linken, der unverletzten. An der, die am Handgelenk mit Klebeband festgebunden ist. Die einzige, die ich ein wenig bewegen kann. Welch Großzügigkeit.

Rekrutierung
Juli '74
Sommer. Ich spiele auf dem Hof mit verrosteten Nägeln, biege sie gerade. Der heiße Mittagswind weht ein Stück einer Zeitung an. Eine Photographie. Einer, der an einer hohen, sehr hohen Säule aufgehängt ist. Ein Bild des Schweigens, des absoluten Schweigens; ein Messer, das sich einem in die Brust bohrt. Was zerbricht wohl in einer kindlichen Seele, in dem Moment, wo sie unwiderruflich, die Jahre der Sorglosigkeit zurücklässt? Wenn das Kind stirbt und an seiner Stelle ein Anderer geboren wird?

Wer ist das? Wer hat das getan? Warum? Daneben steht ein Text. Über den Kampf der antibritischen Befreiungsorganisation EOKA auf Zypern vor zwei Jahrzehnten. Auch der britische Agent von damals kommt zu Wort, gerade hatte er die Antenne der klandestinen Radiostation in einem Glokkenturm entdeckt, da wurde das Abkommen unterzeichnet. Wie war er enttäuscht, dass er nicht auch die noch an den Galgen hatte bringen können.

1974... Einberufung. Tragisch und komisch zugleich. Ich streife in dem Mandelhain umher, in dem die provisorischen Zelte aufgebaut werden. Der

Eine hat nur Soldatenstiefel, der Andere nur ein Barett, ein Dritter trägt eine kakifarbene Hose, die er von Zuhause mitgebracht hat.

»Kriegt ihr keine Waffen?«

»Man hat uns gesagt, wenn welche aus den ersten Reihen fallen, dann bekämen wir die von denen.«

Vielleicht steht der Feind im eigenen Lager?

Wenige Tage später das erste Experiment. Eine Bombe explodiert im Dorf. Wie bei der EOKA. In meinen Ohren pfeift es, meine Beine zittern, während ich, scheinbar unbeteiligt zwischen den Dörflern durchgehe, die sich am Explosionsort versammelt haben. Dann die Festnahme und gleichzeitige Bestrafung: Der Feldwebel packt mich am Ohr. Zwei drei Ziegel, die ich von einer Ruine nebenan geholt hatte, wurden zusätzlich noch als Rififi gewertet.

»Was hast du da gemacht?«

Mit Worten und Gesten versuche ich vergeblich, ihm den Zweck zu erläutern. Es ist, als ob ich zu mir selbst rede.

Diese Erwachsenen verstehen einfach überhaupt nichts.

Donnerstag 4.
Lange Nacht Teil 1

Risse und Grenzen

Ich bewege die linke Hand. Klemme die Schläuche, taste die Umgebung ab, die Gitterstäbe des Bettes an die ich angebunden bin. Das hilft mir, meine Gedanken zu ordnen. Ich bin auch ein wenig Linkshänder, aber das habe ich immer für mich behalten.

Es hat sich wieder eine Krankenschwester zu mir gesetzt, allerdings für das letzte Mal. Jetzt kommen und gehen sie wieder so schnell sie können, wie anfangs. Unter großen Schwierigkeiten habe ich einige Gedanken geordnet. Man hat mich außer Gefecht gesetzt. Um mich herum sind Leute, die entschlossen sind, bis zum äußersten zu gehen. Es gibt nichts und niemanden, das oder der sie aufhalten könnte. Was immer ich tue, wird nichts verhindern, sondern nur aufschieben. In Kürze wird es mir unmöglich sein zu denken, Entscheidungen zu treffen. Ich versuche so gut ich kann, mir das nächste Ziel zu setzen. »Jeder Aufschub ist gleichzeitig ein Sieg. Aber pass auf«, sage ich zu mir selbst, »präge dir fest ein, dass du nicht schwach wirst, nicht anfängst, um dein Leben zu wimmern, wenn die Angst stärker wird. Nicht flehst, nicht bettelst. Es dir nicht erkaufst. Früher oder später wird das Ende kommen. Dass du aufrecht bleibst, nicht zum kriechenden Wurm wirst.«

Der Selbsterhaltungstrieb verwandelt einen Menschen ohne Fundament in das ehrloseste aller möglichen Subjekte. Wo aber tatsächliche Liebe zum Mitmenschen existiert, leidet das Gewissen, revoltiert es, angesichts der wachsenden Ungerechtigkeit, der Unterdrückung, der allgegenwärtigen Plünderung. So jemand wird sein Selbst hintenanstellen, sich opfern, den Selbsterhaltungstrieb überbrücken – ihn besiegen.

Wer diesen Instinkt überwindet, fasst seine Entschlüsse außerhalb des individuellen Nutzens, das Ich überschattet seine Entscheidungen nicht. Er sieht sich nicht als Nabel der Welt und was ihm passiert ist nicht das Schlimmste, das der Welt widerfahren könnte. Die flüchtigen Sorgen, das ihm angetane Unrecht schrumpfen zusammen, werden unbedeutend. Seine Entscheidungen lassen sich nicht von Furcht, Erpressung oder von Drohungen beeinflussen. Er glaubt nicht an Märchen und heuchelt nicht. Handelt nicht leichtfertig. Spielt nicht mit gezinkten Karten. Betrügt weder den Anderen noch sich selbst. Denn der Preis dafür wäre hoch, wäre sein eigenes Leben.

Wer diesen Instinkt überwindet, lebt jeden einzelnen Augenblick seines Lebens, ist ethisch gefestigt, ist frei.

Eine Abfolge kritischer Gedanken, logischer Assoziationen, zusammenhängender Schritte, Schlussfolgerungen, historischer und zeitgenössischer Paradigmata bilden ein Gebäude aus festen und hierarchisch geordneten Werten. Irgendetwas ergreift diese jetzt, wirbelt sie durcheinander, ersetzt sie, zerstört sie, zerstreut sie in alle vier Winde. Irgendetwas zerstückelt, entmachtet, vernichtet die Logik; also treten unausweichlich das Absurde, die paranoiden Vorstellungen, die Angst an ihre Stelle. Die sich mit dem, was ich als gelbe Gase wahrnehme vereinen, die nun beginnen, mich von allen Seiten zu überfluten. Oder sie haben meinen Körper derartig gefüllt, dass er beginnt überzulaufen. Ich gehe zusammen mit ihm unter und zusammen mit ihn ertrinkt nach und nach auch jeder noch so schlichte Gedanke.

Eine andere Methode
Wieder beginnt sich der Raum zu verändern. Irgendwann, ich erinnere mich nicht genau wann, ist der Schneider gegangen und singt nun von irgendwo nebenan. Menschen mit Masken oder Damenstrümpfen vor den Gesichtern streichen neugierig um mein Bett. Irgendetwas führen sie im Schilde. Eine Krankenschwester mit einem Seil in der Hand nähert sich. Sie zieht mir das Seil unter den Achseln durch. So viel ich auch protestiere, sie führt skrupellos ihre Arbeit durch, schweigend, so als ob sie nicht verstünde, was ich ihr sage. Bindet meinen Körper am Bett fest und geht. Ein anderer Schatten nähert sich. Jemand in schwarzer Kleidung setzt sich neben mein Bett. Er ist ganz dicht an meinem Gesicht und versucht irgendetwas zu tun. Ergreift meine Hand. Ein langsames, rhythmisches Geräusch ist zu hören, wie von einem Komboloi aus Bernstein. Aber der neben mir spielt damit nicht, denn mit der freien Hand tätschelt er mir freundlich den Kopf.

»Wer bist du?«

Er ist mit seinen Gedanken woanders. Antwortet kurzangebunden, irgendetwas gefällt ihm nicht, er ist ungehalten. Er bemüht sich eine Weile, verschwindet, kommt wieder, entfernt sich und wartet, kehrt zurück, wieder das Komboloi, die Hand, das Tätscheln, verschwindet wieder. Und plötzlich stürmen zwei Menschen in den Raum.

»Kommissar Stelios, Kommissar Giannis«, verkünden sie hochtrabend und triumphierend und fahren mit drohender Stimme fort.

»Du hast uns rufen lassen, was willst du?«

»Ich... ich will mich stellen«, antworte ich eingeschüchtert.

Sie bleiben eine kleine Weile sprachlos, so als ob sie eine andere Antwort erwartet hätten und entfernen sich dann unter zornigen von vulgären Flüchen begleiteten Ausrufen.

»Warum hast du uns rufen lassen? Willst du uns verarschen?«

Ich weis nicht, ob das mir oder jemand anderem gilt aber als die Tür hinter ihnen zuschlägt, steigt ein Knoten in meinem Hals auf und ein Gewicht drückt mir die Brust ab. Ich habe Gewissensbisse, weil ich sie verschaukelt habe. Ohne dass ich weis, welches Versprechen ich gebrochen habe. Unlogische Schuldgefühle ohne jeden Grund. Meine Gefühle sind derart formbar geworden, dass sie sich lenken lassen und mit jedem Reiz korrespondieren, dem sie ausgesetzt werden.

Rekrutierung von Wahnvorstellungen
Der Raum beginnt, sich zu leeren, zu verwaisen. Eine bedrückende, kalte Leere durchdringt die Seele. Langsam, stumm steigen die Gase zur Decke auf. Eine tiefe Stille breitet sich aus, so als ob alle Laute abgeschafft worden wären. Ganz langsam beginnt das Bett aufzusteigen, zu schweben. Und plötzlich dringen die Laute, die Angst, die Maskierten ein. Jemand kommt neben mein Ohr und lädt eine Waffe durch. Das metallische Geräusch reicht aus, damit den Rest die Wahnvorstellungen übernehmen. Sie inszenieren einen Selbstmord. Eine Tür öffnet sich breit und ins Zimmer strömen Menschen jeden Geschlechts und Alters. Sie wollen mich betrachten, bevor sie mich umlegen. Kleine Kinder auf den Schultern ihrer Eltern, Rapper, die wie Marionetten tanzen, jugendliche Schwarze in weiter Kleidung, andere, die Theatertechnik aufbauen. Einer im Trenchcoat lässt sich an einem Kran wie bei einem Deus ex Machina neben mir herunter. Mit der Pistole in der Hand zielt er auf meinen Kopf während er sich nähert. Ich versuche ihn mit der nur halb angebundenen Hand aufzuhalten und berühre, ergreife absolut realistisch seine Waffe. Ein Anderer, in schwarzer, überall geflickter Mönchstracht nähert sich, auch er trägt eine Waffe. Wieder ein Anderer spielt an den Schläuchen herum. Inmitten dieser bunt zusammengewürfelten Menschenansammlung sehe ich mich selbst am Fuß des Bettes knien, mein durchsichtiger Körper schaut mich mit einem bitteren Lächeln an, bereit, bei der kleinsten Erschütterung zu verschwinden. Zersprengte und verwirrte Worte, zusammenhanglose Sätze, Irreden, vollständig aus alten Texten entnommen, die ich vortrage, erzeugen eine Welle brutaler Befriedigung, die mit Spott und Ironie ausgedrückt wird. Jemand neben mir bewegt die Hand von rechts nach links, so wie man sagt, »der ist durch den Wind« oder »hört, hört« oder »der ist am Ende«. Einer nach dem Anderen und alle zusammen wetteifern in Kommentaren, wie man sie über den Dorftrottel macht. Und inmitten des Ganzen der Pfleger mit den schwarzen Kleidern, der kommt und meine Hand nimmt.

Das Ende, das nicht eintritt
Sie kommen und gehen, bereiten die Exekution vor. Der Pfleger mit dem freundlichen Kopftätscheln scheint aufgebracht zu sein, den er drückt meine Hand derartig fest, dass ich versuche, sie ihm zu entziehen. Auch er kommt und geht, steht auf, setzt sich wieder, entfernt sich, kommt zurück, verschwindet. Kaum bin ich allein, stürzen Menschen und Wahnbilder auf

mich ein in einem sadistisch langsamen Rhythmus. Der mit dem Trenchcoat prüft den Schusswinkel, so dass es aussehen wird wie Selbstmord. Der Andere, mit der geflickten Tunika bleibt scheinbar unbeweglich, aber jedes Mal, wenn ich ihn ansehe, ist er näher gekommen. Und das rhythmische Geräusch beginnt wieder und hallt in meinem Kopf.

Ich rede mit den Wahnbildern. Sie unterscheiden sich von richtigen Personen, denn außer ihren unnatürlichen und spastischen Bewegungen sind sie an einem Punkt angelangt, wo sie tun, was ich ihnen sage, oder denke, was sie tun sollten. Nur kurz, aber ausreichend lang, um sie von den anderen zu unterscheiden. Nach Stunden des Quälens naht der Moment der Exekution. Ich bin bereit, warte, aber sie verspäten sich.

»Bringt es zu Ende«, schreie ich. Ich habe es geschafft. Habe die Furcht ignoriert, besiegt. Vielleicht haben die Gedanken, vielleicht der Augenblick, vielleicht die Verse, die ich rezitiert und danach vergessen habe, im Verborgenen gewirkt. Ich habe es geschafft. Sie aber machen den Eindruck, als würden sie nicht verstehen, was ich sage. Ich wende mich an den, der mit den Schläuchen herumspielt, der kein Wahnbild ist und spreche ihn auf Englisch an.

»Bring deinen Job zu Ende.«

Es bleibt einen Moment stocksteif bevor er hastig den Raum verlässt.

Sie wollen mich nicht umbringen, nein, sie wollen mich erdrücken. Mich einschüchtern bis die Wahnbilder zunehmen, was ihnen für den Moment ausreicht. Ohnehin diktiert das neue Dogma etwas anderes: »Warum sollten wir jemanden exekutieren, wenn wir ihn verächtlich machen können«. Der durch eine moralische Verleumdung angerichtete Schaden ist ungleich größer für den Betroffenen, der als Feigling vorgeführt wird, verkauft, labil, nicht vertrauenswürdig, unerfahren, dumm; und enttäuscht gleichzeitig jeden, der versucht, irgendwo eine neue Hoffnung aufzubauen, oder einfach nur, sich eine Meinung zu bilden.

»Bringt es zu Ende...«, schreie ich wieder, während die gelben Gase alles bedeckt haben. Eine Stimme ertönt von Ferne, leise, erstorben.

»Ich werde sterben, ich werde sterben, ich werde sterben...«

Sie ähnelt unglaublich meiner eigenen, aber sie kommt nicht von mir.

»Ich sterbe nicht, ich sterbe nicht«, antworte ich hartnäckig. Aber ich bin schon gegangen. Befinde mich schon an der Flanke des Hügels, auf einem idyllischen Friedhof. Dichtes tiefes Schwarz, leicht wie ein Federbett bedeckt mich. Von Ferne ertönt ein Cello, kommt näher, immer näher. Eine Melodie, eine Lied, eine diffuse Traurigkeit, der Schmerz einer süßen Erinnerung. Eine seltsame Gestalt, der Medusa ähnlich murmelt leise den immergleichen Singsang an meinem Ohr, so dicht, dass ihr eiskalter Atem mich durchdringt. Von Ferne ertönt die leise schwache Stimme mit einem Lied.

»Wo immer du auch bist, warte nicht auf mich.
Ach, Alicia, ich liebe dich, aber was soll ich tun
Ich werde dich zurücklassen, ich kann nicht mehr,
ich kann nicht mehr, ich sterbe«
»Ich sterbe nicht, ich sterbe nicht«, antworte ich hartnäckig.

Die andere Sichtweise
Frühling '77
Auf dem ersten Frühlingsgras habe wir die Decke ausgebreitet. Am Rande steht der Korb mit dem Essen. Picknick im Grünen, auf dem Berg, die ganze Familie auf der Wiese neben der Kirche des Heiligen Fanourios versammelt. Vorne erstreckt sich die Ebene von Florina mit den Feldern und den Pappeln neben dem Fluss. Der Winter war kurz und nun kommen die ersten Sonnentage mit derart klarem, derart reinem Licht, dass wir die alltägliche Routine für den schönen Tag beiseite gelegt haben.

»Hallo Nachbarn...«

Vorbei geht ein eigentümlicher Kerl mit einem hölzernen Köfferchen. Er sieht aus wie ein Waldkobold. Hat langes Haar und einen Bart, obwohl er kein Priester ist. Seine Augen sind in einem Moment durchdringend und im nächsten schauen sie verloren in die Gegend. Es ist der Maler, der auf der anderen Seite des kleinen Waldes mit den wilden Akazien neben unserem Haus lebt.

Später ist er vollständig in seinem Werk versunken während ich stumm seine Gedanken verfolge. Anfangs habe ich ihn mit Fragen bombardiert, um Antworten zu erhalten wie: »Nur keine Eile, schau einfach«, »Schaue und verstehe«, »Mach die Augen auf und nicht den Mund«. Wie die zum Schweigen verpflichteten Schüler des Pythagoras.

Zuerst hat er ein paar Linien mit Kohle gezogen. Danach streng die Skizze festgelegt und sofort begonnen, sich über ihre Grenzen hinwegzusetzen. Es geht ihm nicht um eine oberflächliche Abbildung. Er jagt das Licht. Er verewigt die permanente Bewegung, die Schöpfung, nicht den glücklichen Augenblick. Mir ist noch nie aufgefallen, wie viele Farben es in einer einzigen Pappel gibt. Um uns herum gibt es magische Welten, freie Felder für die Reisen der Phantasie, solange es das innere Bedürfnis dafür gibt.

Heute hat sich für mich eine solche Tür geöffnet und ich konnte einen verstohlenen Blick hindurch werfen. Und das im Jahrzehnt der Modelle und der Entmystifizierung. Der siebziger, die sich ihrem Ende zuneigen. Mit mechanischen Gesetzen und Regeln versuchen Wissenschaft, Philosophie, Psychologie dem täglichen Leben, dem menschlichen Verhalten, ihren Stempel aufzudrücken. Verwandeln einzelne Parameter des Lebens in vorherrschende Strömungen von denen ihnen jede einzelne als Allheilmittel für jede Art von Problemen gilt. Was immer nicht erforscht werden kann, wird mit einem Namen belegt und das gilt dann als Erforschung. Selbst die persönlichsten Momente werden bis zu einem Punkt hin analysiert, an dem sie jeden tatsächlichen Gehalt verloren haben. Wer ist fähig, in einer derart kalten Welt zu leben?

Ich verfolge die Magie des Bildes. Frage mich, wo die Abbildung aufhört und die Kunst beginnt. Eine getreue Nachbildung der Natur würde Platon Recht geben, der den Standpunkt vertrat, dass die Malerei das Auge täusche. Wo liegt die Wahrheit, vielleicht in der Überschreitung ihrer Grenzen? Die Regeln und die Symmetrie mögen gut sein, aber sie sind teilnahmslos. In etwa so wie der friedfertige, also nutzlose Bürger bei Periklis. Der Verstoß provoziert, konzentriert das Denken, drückt es aus. Der Verstoß, der zur Überschreitung wird. Der entgegengesetzte Blick.

Praxis, Werke, es wird Zeit, dass ich den Ernst des Lebens kennenlerne. Nicht, wie er sich in einem bestimmten, unfreundlichen Augenblick darstellt, sondern in der Permanenz der Bewegung, im permanenten Wechsel. Keine alte Lösung, und sei sie auch noch so erfolgreich, taugt für eine neues Problem. Nichts steht bereit außer Theorien, die uns einzwängen sollen, deren historische Erfahrung nur dazu taugt, dass wir die von ihnen gesetzten Grenzen verletzen. Ein permanenter Kampf. Das Jagen des Lichtes.

»Savvas, komm, iss was.«

Ich setze mich in eine Ecke, schweigend. Mein Blick wandert umher, zu den Bergen.

»Was hast du, warum bist du so still?«

»Weil ich höre... und schaue.«

Donnerstag 4.
Lange Nacht Teil 2

Implantation
Ohne jedes Erbarmen setzen sie ihr Werk fort. Die Irrreden, die Zwiegespräche mit den Geistern, die Stimmen, meine Versuche, gegen Windmühlen zu kämpfen, soweit mir das meine angebundenen Hände erlauben, die offene Beschreibung meiner Ängste oder dass ich zuckend auf einer Intensivstation liege, werden keiner Entgegnung für würdig befunden. Es gibt keinen Grund, wo es doch sie selbst sind, die all dies anstreben, hervorrufen und ausbeuten. Jeder sich zeigende schwache Punkt, ob sie ihn nun von mir erfahren, selbst feststellen oder aus Erfahrung kennen, ist eine Waffe in ihren Händen. Auch die Zeit läuft gegen mich. Fortschreitend zersetzt sie jede Kohärenz der Logik und überhäuft mich mir unerträglichen Schwächen. Irgendwann werden sie eine Hintertür finden.

Eine Vielzahl an Menschen und Wahnbildern fährt mit der Belagerung fort. Sie stoßen einander im Wettstreit, wer am dichtesten an das Bett gelangt. Manche verstecken sich hinter mir und drohen, Andere versetzen mir Fußtritte, wieder Andere spielen an den Schläuchen herum.

»Da ist er, daaaa... er kommt runter... kommt vorwärts...« Das ist der Vollstrecker, der vom Kran herabgelassen wird. Zentimeter für Zentimeter kommt er herab, ein rhythmisches monotones Stoßen von sich gebend. Aus der Ferne ertönt eine Stimme, kommt näher. Hört sich an, wie meine eigene, aber sie kommt von woanders her.

»Ich will das Lager wechseln, ich will das Lager wechseln«, wiederholt sie. Ich höre sie, zittere am ganzen Körper. »Ich will das Lager wechseln.«

Beim letzten Mal ertönt sie auf ganz seltsame Weise. Sie erklingt zusammen mit einer anderen Stimme, die nicht meine ist, aber synchron in meinem Mund erklingt, und sie rennt, läuft wie Wasser am Abhang. Sie klingt merkwürdig, während mein Gehirn unbeteiligt bleibt. Keine logische oder unlogische Assoziation, kein verwandter Gedanke, keine Bearbeitung, keine Zweifel, keine moralische Schranke und vor allem, kein Entschluss.

Ein Satz, der aus dem Nichts entsprang und dem Erstaunen und Ratlosigkeit folgen. Wie kam das Wort »Lager« in meinen Wortschatz? Selbst als Rekrut, habe ich diesen Begriff nicht gebraucht. Außerdem war ich nie der Ansicht, einem Lager anzugehören, sondern nur der Klasse des Volkes. Und der Kampf wurde und wird nicht von irgendeiner oberhalb des Volkes stehenden und von ihr getrennten Festung aus, sondern inmitten des Volkes geführt. Nicht als Beistand oder neben seinen Problemen, sondern aus unseren Problemen heraus als gesellschaftliches Ganzes.

Sofort bereue ich, was ich gesagt habe, obwohl mir ein solcher Satz derart gleichgültig über die Lippen gekommen ist. Aber es ist als ob mich ein unsichtbares Netz damit verbindet. Das »ich will« erklang aus meinem eigenen Mund, und weil es so üblich ist, ist es sicher Ausdruck meiner eigenen Entscheidung. Die Beständigkeit, das Beharren darauf, hängen nun vom Ausmaß des eigenen Egoismus ab.

Den gleichen Moment, wo der Satz meinem Mund entweicht, nehme ich mir gegenüber die Kommissare Stelios und Giannis wahr. Sie hören ihn als Antwort auf ihre eigene Frage, die in einem vorausgegangenen Dialog gestellt wurden, von dem ich nicht kapiert habe, wann er begonnen hat. In einem Dialog, nur halb aus den Gasen aufgetaucht, allein um diese bestimmten Worte zu sagen und ohne dass ich mich erinnere, wann diese beiden auf die Intensivstation gekommen sind und wie ich sie plötzlich neben mir gefunden habe. Und sie machen weiter...

»Gehörst du zum 17. November? Rede, Kerl, wer ist Pouftsis?« Sie haben die konspirative Wohnung gefunden, die auf diesen Namen in der Patmos Strasse angemietet war. Ich bleibe stumm, weil ich meine Zwangslage sehe und beweine. Was Kommissar Stelios aufregt und zum unartikulierten Schreien bringt.

»Lass uns verschwinden«, schreit er in Richtung Kommissar Giannis, während er mich mit Flüchen bedenkt. »Glaubst du, du kannst uns zum Narren halten? Erst um Zusammenarbeit bitten und dann nichts mehr von uns wissen wollen?«

Fluchend verlassen sie den Raum und ich bleibe zurück zusammengekauert, stumm, niedergeschlagen in einer Ecke, mit versonnenem Blick und eingeschüchtert, wie ein frisch kastriertes Tier, das nicht begreift, was ihm geschehen ist.

Unter Aufsicht
Zum wiederholten Male lädt jemand durch und versetzt mir damit den einleitenden Tritt für den allmählichen Beginn der Drohungen. Wieder bereiten Sie die Exekution vor. Die Menge versammelt sich und feiert das Schau-

spiel. Die Maskierten bereiten irgendwas vor, sie errichten einen Dreifuß und versammeln sich um mich. Photographie! Ihre Köpfe nähern sich, jemand macht eine verächtliche Geste, zeigt mir den gestreckten Mittelfinger, so wie es die Fremden tun. Sechs, sieben Mal höre ich den Auslöser des Apparates. Ein Übergewichtiger kommt ganz dicht an mein Gesicht und macht mit einem kleinen Apparat drei vier Fotografien mit Dauerbelichtung. Für einige ist die Safari damit zuende.

Sie sind gegangen und haben um mich herum die Wahnvorstellungen zurückgelassen. Nach Stunden, in denen ich irrgeredet oder um Hilfe gebeten habe, als die Angst ihren Höhepunkt erreicht, erklingt eine Telefonklingel. So wie die, die vor einer Exekution erklingt. Die Wahnbilder sehen einander ratlos an. In diesem Moment betritt Kommissar Stelios den Raum und ruft laut und munter.

»Hab keine Angst, Savvas. Alle hier sind unsere Leute.«

»Ja, aber...«

Ich komme nicht dazu, ihm zu erklären, was seine Leute tun, wenn er nicht da ist. Er geht so plötzlich, wie er gekommen ist und die Wahnbilder setzen ihre Arbeit erleichtert fort.

Ein Schatten in zivil steht dicht neben dem Bett, vielleicht kann ich mit dem reden.

»Gehören Sie zu Stelios Leuten?«

»Ja«, antwortet er kurz angebunden.

Ich versuche, mit ihm ins Gespräch zu kommen aber je mehr ich frage, um so gereizter antwortet er.

»Warum behandeln Sie mich so feindlich«, beschwere ich mich. Mit Gewalt und großer Anstrengung versucht er den Ton seiner Stimme sanfter zu machen, aber die Worte zischen ihm immer noch zwischen den Zähnen hervor. Seine Stimme ähnelt verblüffend der des Ministerpräsidenten. Der hat wahrscheinlich seinen Bruder bei der Polizei untergebracht. Ich weiß nicht, was ihn so nervt aber solange mich die gelben Gase ersticken, begleitet mich diese Stimme. Zuerst als Psychiater des Tzaneio Krankenhauses und zuletzt als Polizist, der Wache hält. Danach taucht sie nicht mehr auf. Genauer gesagt, zwei Tage später, von dem Moment an, wo die Kanüle aus meinem Oberschenkel gezogen wird.

Im Vollbesitz der geistigen Kräfte
Trotz alledem verlassen mich die Wahnbilder nicht. Nur die Atemnot. Nachdem ich die losgeworden bin, hat sich eine unsichtbare Leichtigkeit in meiner Brust ausgebreitet, die nach oben drängt und dabei Worte, Sätze, Wirres, mitreißt. Sie brechen mit Schwung nach außen durch, wie geölt, in einem unablässigen Strom, der eher einer Salve, als einer Rede gleicht. Ungeordnet, ungezügelt, ungefiltert, ohne Damm, ohne jeden Versuch zu sammeln – denken – zu bewerten – zu entscheiden, ohne Kenntnis, ob ich einen Alptraum oder die Realität durchlebe, ob ich denke oder spreche, ob ich existiere oder gestorben bin, ohne logische Empfindungen, ohne Wertvorstellungen, ohne das Recht auf eine Wahl, willenlos, seelenlos.

Die moderne Methode; Auslöschen der Logik, Verringerung der kritischen Wahrnehmung bis zur Einebnung jeden Wertesystems aber auch eine haltlose Euphorie die sich in einem Wortschwall und Sympathiebezeugungen gegenüber dem Folterer ausdrückt. Der übernimmt die Lenkung. Eine Lenkung wie die eines geistig gestörten oder eines fünfjährigen Kindes mit Anpassungsschwierigkeiten. Eines Kindes, das kein Gefühl für die Realität hat, das zerstreut ist, mal dumme Kommentare abgibt, mal fixe Ideen oder Ängste hat, von einem Thema zum anderen springt und sich vor allem nicht dafür interessiert, die Probleme des es Verhörenden zu lösen.

Der Ausgang der Fragen ist ungewiss und in den meisten Fällen enden die Bemühungen in einer Sackgasse. Eine oberflächliche Antwort zieht Drohungen nach sich. Eine Drohung bringt ein Kind meist dazu, sich zusammenzunehmen, vielleicht wird es antworten. Andererseits setzt es der Zuneigung ein Ende, so dass jedes gewonnene logische Denken als Widerstand eingesetzt wird.

Hier zeigt sich die Notwendigkeit des Eingreifens durch einen erzürnten Verhörer, dem dieser Teufelskreis und der vorausgegangene Misserfolg schlechte Laune und einen Hang zur brutalen Rachsucht verleihen. Ein gnadenloser Angriff, bis dieser den immer stärker werdenden Widerstand durchbricht, den er selbst erzeugt.

... und ruhigen Gemüts
Wie wildgewordene Hunde, die ein Stück Fleisch gefunden haben, stürzen sich drei Leute auf mich, jeder die Beute für sich beanspruchend. Ein Stück

Fleisch, zerstückelt und auf den Boden der Intensivstation geworfen, wo aus einem Spalt die Zunge herausdrängt und Laute erbricht. Vorher haben sie zwei Stunden gewartet, bis sich die Furcht ins unerträgliche steigert, um dann plötzlich hereinzustürmen, fluchend, lästernd, drohend. Die Wahnbilder sind bei ihrem Anblick augenblicklich eingeschnappt. Rannten beleidigt in die Ecke und setzen sich, mit dem Rücken an der Wand und mit so langen Gesichtern, dass sie bis zum Boden reichen.

»Kommissare Stelios und Giannis...«, erklingt es zwischen dem Geschrei.

»Kommissar Fotis...« Sie haben Gesellschaft mitgebracht.

»Wie?«

»Fotis.«

Sofort habe ich seinen Namen wieder vergessen, ihn verwechselt, was ihn wütend gemacht hat. Im Versuch, mit heiler Haut davon zu kommen, frage ich mich, ob wir allein sind.

»Ist der Chefarzt hier?«

»Hier bin ich«, antwortet die bekannte Stimme.

»Ist die Oberschwester hier?«

»Hier bin ich«, antwortet auch diese.

In der tiefen Finsternis verfolgen, lauschen, warten viele Paare Augen und Ohren. Vor ihnen läuft ein Zweikampf todgeweihter Gladiatoren ab. Über das Ende hat niemand Zweifel. Alles erinnert an den Ablauf eines vorangekündigten Todes. Sie erwarten nur sadistisch das möglichst phantasievolle Schauspiel eines möglichst langsamen, quälenden, gewaltvollen, entwürdigenden Todes.

Ein geeignetes Stadium für ein Verhör. Ich bin in elendem Zustand, die Psyche aufgelöst, der Willen pulverisiert, ohne jedes logische Bewusstsein und zu alledem noch durch die Explosion vor fünf Tagen fast zersprengt. Ich liege auf der Intensivstation, mehr tot als lebendig, mit Gehirnverletzungen, Schädelbrüchen, gebrochenen Rippen, gebrochenen Armen, die Hand amputiert, mit vielen Wunden, mit Lungenbluten, hohem Fieber und vielen Verbrennungen, schwersten Hör- und Sehschäden, an Händen und Füssen mit Seilen und Riemen gefesselt in einem finsteren Raum, bedroht von realen und eingebildeten Bestien, ihren eigenen Schöpfungen und seit drei Tagen bis jetzt ohne jeden Schlaf. Bis jetzt...

Die schlimmste Drohung, die Wahnbilder, erscheinen harmlos angesichts der Verhörer. Die fluchen, schreien, stampfen wütend auf den Boden, wenden jedes Mittel an. Ihre Anwesenheit genügt und schon flüchten die Wahnbilder in die Ecke; denn es sind ihre eigenen Geschöpfe. Die Verhöre sind ein Angriff von außen, obwohl sie ein schon seiner Struktur beraubtes inneres Wesen ausbeuten. Außerdem verursachen sie eine Pause im Alptraum der Wahnbilder und hören selbst nach einer Weile auf. Die Wahnbilder dagegen fressen die Seele; sie greifen aus dem Inneren an und vor allem sind sie ständig im Inneren. »Das kleinere Übel« ist immer die physische Präsenz, auch wenn diese feindlich gesinnt ist.

Der Plausch beginnt
»Wer war mit dir in Piräus«, ertönt die scharfe Stimme von Kommissar Stelios. Er sitzt an der rechten Seite meines Bettes, da, wo ich die schwereren Verletzungen habe. Alle Verhöre finden von der rechten Seite her statt, obwohl mein linkes Ohr in besserer Verfassung ist. Links hinter mit und stumm sitzt Kommissar Giannis. Sie wiederholen immer wieder die gleichen Fragen. Kommissar Fotis öffnet die Akte und notiert. Die Fragen prasseln nieder.

»Wer war das Pärchen, das zum Tzaneio Krankenhaus gekommen ist?«

Etwas Seltsames geschieht. Mit der letzten Frage hat sich in meinem Kopf eine Geschichte geformt, von der ich sicher bin, sie erlebt zu haben: Ich werde von der Bombe verletzt und mein Freund hält das erstbeste Auto an, einen roten Ford, setzt mich auf die Rückbank und bringt mich ins Tzaneio. Das Auto gehört einer jungen Frau, die ihm bis vor das Krankenhaus hilft und dann verschwindet. Das glaube ich ganz fest und vertrete es unerschütterlich in den Verhören. Es vergingen sechs Monate, bis ich durch Zufall erfuhr, was wirklich geschehen ist, und erst da tauchte aus der Tiefe meines Gedächtnisses das Bild eines Krankenwagens wieder auf. Weitere sechs Monate vergingen, bis die realen Geschehnisse in meinem Hirn wieder auflebten und es mir unter großen Schwierigkeiten gelang, die eingebildete Geschichte zu ersetzen.

»Wer war die junge Frau?«, beharren sie. »Wer war das Paar, das dich hierher gebracht hat? Wo ist dein Motorrad? Mit was für einem Auto seid ihr nach Piräus runter gefahren?« Alle Fragen auf einmal oder einzeln, die Reihenfolge ändert sich wenn die Fragen wieder und wieder wie Hammerschläge auf mich niedersausen.

Sie versuchen, Menschen aus meinem familiären Umfeld und meinem

Freundeskreis in die Sache hineinzuziehen. Ich kann hundert Mal »nein« sagen und ein halbes Mal irgendwas völlig unzusammenhängendes und letzteres suchen sie sich dann raus. Sie interessieren sich auch beharrlich für das Motorrad. Aber so sehr ich mir auch den Kopf zerbreche, ich kann mich nicht daran erinnern, wo ich es abgestellt habe. Je dichter ein Geschehnis vor oder nach der Explosion liegt, desto weniger erinnere ich mich daran.

Ich habe sie zur Weißglut gebracht aber am Ende, unter vielen Schwierigkeiten, glaubte ich mich zu erinnern, wo das Motorrad steht. Kaum haben sie das notiert, sammeln sie eilig ihr Papiere zusammen. Draußen auf der Straße beginnt der Verkehr. Es ist Morgen. Ich bin sehr müde, kann aber nicht schlafen, in Kürze kommen auch die Ärzte. Ich drehe mich um, um zu sehen, was die Wahnbilder machen. Nach den die ganze Nacht dauernden Verhören sind sie erschöpfter als ich; sie schlafen selig. Wie ich sie beneide!

Die Verhörer gehen, sie lassen mich in den Krallen ihrer Geschöpfe, die langsam, langsam erwachen.

»Ist der Chefarzt hier?« frage ich angstvoll.
»Hier bin ich.«
»Die Oberschwester?«
»Hier bin ich.«

Auf Samtpfoten

Dezember '82
Es war schon spät, als eine ganze Gruppe eintraf und die eigentlich für das Neujahrsfest gedachten Nudeln aufaß. Ich war erstaunt, dass ich es diesmal geschafft hatte, ein Bett zu bekommen. Erst als ich die Läuse am ganzen Körper bemerkte, verstand ich warum. Normalerweise schlief ich auf dem Holzboden, eingewickelt in einen Mantel, bis irgendjemand kam, der fror.
»Ich habe eine Mantel und eine Jacke. Such dir was aus...«
»Ich nehme den Mantel für mich und die Jacke für einen Freund.«
Ein Glück, dass man uns für den Winter die Schlüssel für das Haus gegeben hat, bis die Räumungsklage durch ist. Es gibt kein Geld für die Miete, aber wir arbeiten nicht, weil wir mit den Bossen nicht können. Ich verliere ständig an Gewicht, während die Schulden und die Verzugszinsen gleichzeitig zunehmen. Die anderen haben wohl eine bessere Konstitution. Aber

sie sind rücksichtsvoll, wenn im Haus nur noch Zucker vorhanden ist, kommt keiner zum Essen vorbei.

Und am Abend auf die Plateia. Jeder hat seinen Stammplatz, wir haben Wurzeln geschlagen. Ein tröstlicher Gedanke, ein Gedicht, das mir die Großmutter vorgesagt hat, als ich noch klein war:

»... nur eine Leiche, die da vorne liegt, aber sieh nur; in der Nacht, kämpft sie wie ein furchterregender Löwe...«

Wie der fette Kater, der auch seinen Stammplatz hat »auf dem Sonnenflecken vorne«. Ein ermunternder Gedanke – zumindest um einen Kater zu pflegen.

Wir harren aus, für den Moment weiß ich nicht, warum, aber alle tun das. Ich werde warten, um zu sehen, was daraus wird.

Seit geraumer Zeit schon lebe ich in echtem, wahrem, tiefen, vorsätzlichem Elend. Wie weit kann das gehen? Wenn aus dem Elend eine Philosophie wird, folgt eine Ausweglosigkeit der anderen, wie Nackenschläge.

Ich bin durch die falsche Tür nach Athen gekommen. Muss wieder raus und nochmal reinkommen.

Freitag 5.
Die Furcht und die Schläfrigkeit

Scheinhinrichtung
Sie schleppen einen Apparat an, der aussieht, wie ein tragbares Radargerät. Ziehen ihn ganz langsam über das Bett, vom Fußende bis zum Kopfende und wieder zurück. Sie grillen mich mit Mikrowellen. Während sie selbst ausschalten, wenn sie durch die Strahlen müssten.

»Ich werde gegrillt... Hört auf damit...«

Eine Schwester ist gekommen. Hohes Fieber. Dann wieder zittere ich vor Kälte, so als ob ein eisiger Nordwind weht. Reihenweise kommen Leute an mein Bett und werfen Decken über mich, aber bis die mich erreicht haben, lösen sie sich in Luft auf. Dann wieder stapeln sie viele Tücher auf mir, danach Matratzen, danach Möbel, was immer sie finden können. Wieder leide ich unter Atemnot. Dann starke Kopfschmerzen hinter den Augen, der einzige während meines ganzen Behandlungszeitraums. Mit fiebersenkenden und schmerzstillenden Mitteln und den sich abwechselnden oder synchron einhergehenden Schmerzzuständen vergeht der Tag. Für alles mache ich die Wahnbilder verantwortlich, die mir die verschiedensten Qualen bereiten, so als wollten sie mich in allen extremen Umständen testen. Beklommen durchwarte ich einen weiteren vergehenden Tag und einen kleinen Teil der Nacht, auf dass wie gestern die Fleisch gewordenen Alpträume kommen, die die Wahnbilder regieren.

»Wer war mit dir zusammen in Piräus?«

Die bekannte scharfe Stimme von Kommissar Stelios. Das grausame Äquivalent. Aus der Hölle der Wahnbilder in die der Verhöre. Auf dem Fußboden links, Kommissar Fotis, mit seinen Papieren und einem kleinen kaum wahrnehmbaren Lämpchen. Hinter ihm, direkt neben meinem Kopf, Kommissar Giannis. Sie fahren mit der gleichen Besessenheit, mit den gleichen Fragen fort. Die Antworten gefallen ihnen nicht. Sie reagieren gereizt, fast hysterisch.

»Was ist mit der Bombe los gewesen?«

»Ich habe sie gedrückt und sie ist von allein explodiert.«

Ein Fingerschnippen für Kommissar Giannis und ich höre, wie der seine Waffe direkt an meinem Ohr durchlädt.

»Gestern hast du uns noch was anderes erzählt«, heult Kommissar Stelios auf, seinen Satz mit Flüchen ergänzend.

»Neiiiin«, ich werde steif wie ein Schwein, dass zur Schlachtbank geführt wird, »schaut in die Papiere, die Notizen, stopp, wartet...« Ich bekomme einen Hustenanfall und schmecke Blut in meinen Mund.

»Na gut, na gut«, sagt er ironisch mit drohendem Unterton.

Ich protestiere, sie tun so, als würden sie in ihren Notizen suchen. »Er sagt die Wahrheit«, äußert sich Kommissar Fotis und Kommissar Giannis senkt die Waffe.

Die Verhöre und die Nacht schreiten fort. Die gleichen Fragen, die gleichen Antworten, ein Fingerschnippen – das Zeichen – und wieder lädt Kommissar Giannis durch und mich überläuft es jedes Mal eiskalt, der Atem des Todes streift mich. Eine falsche Bewegung und das ist das Ende.

Die beiden Methoden, die moderne und die klassische, im Versuch, einander zu ergänzen, zusammenzuwirken und sich dabei doch oft selbst verfangen. Eine nie zuvor erlebte Situation wirkt beschleunigend auf die Angst, die aber in einigen Momenten zum besten Mitstreiter werden kann.

Die Drohungen steigern die Angst. Die Angst löst Wachsamkeit aus. Die wiederum weckt Körnchen von Logik zum Nachteil der modernen Methode. Die Logik mobilisiert den Verstand. Der Verstand übernimmt in gewisser Weise die Initiative, was das Gewissen weckt und Widerstand provoziert. Der Widerstand trifft auf Gegenwehr, auf die Angst folgt. Die Angst führt zur Wachsamkeit, die Wachsamkeit zur Logik, die Logik zum Widerstand, der Widerstand zur Angst, die Angst...

Beileidskomitee
»Um Himmelswillen!«

Ein herzzerreißender Schrei zerreißt die Stille. Eine weibliche Stimme, die wagt, was das gesamte Staatwesen sich nicht einmal flüsternd zu sagen traute oder sagen konnte.

Das Trampeln von Bestien ist zu hören, das den Aufstand erstickt.

»Was war das?«, frage ich.

Kommissar Stelios verwandelt sich plötzlich vom kühnsten Verhörer in einen Verbrecher, den man auf frischer Tat ertappt hat. Er verliert sein Selbstvertrauen und antwortet wie ein Verwirrter, mit einem dümmlichen Lächeln, im Versuch, den angerichteten Schaden zu verstecken.

»Nichts, nichts, das galt nicht uns.«

Ich schlucke das. Aber Irgendwas geht wohl dahinten vor und ich vertraue ihm nicht.

»Ist der Chefarzt hier?«, die instinktive Reaktion und ein weiteres Mal die vertraute Stimme.

»Hier bin ich.«

»Ist die Oberschwester hier?«

»Hier bin ich.«

Es dauert nicht lange bis Kommissar Stelios seine Selbstbeherrschung wiederfindet und weiter geht's mit der gleichen Heftigkeit.

»Du hast uns reingelegt, gestern. Wie die Blödmänner sind wir nach Pankrati gefahren, wegen des Motorrads. Wie lange glaubst du, kannst du uns verarschen?«

»Aber das war doch da, oder?«

»Wir haben den kompletten Stadtteil abgesucht, Lügner, bis hoch auf den Prophet Ilias Hügel.«

Das Fingerschnippen für Kommissar Giannis, die Drohungen, die Gänsehaut, der kalte Schweiß.

»Nein, falsch, wartet... der falsche Abhang... vielleicht auf der anderen Seite.«

Wer weiß, wohin sie mein wirres Gerede geführt hat. Mit zusammenhanglosen Worten versuche ich wieder zu erklären, wo das Motorrad steht. Versuche verzweifelt sie davon zu überzeugen, dass ich die Wahrheit spreche, eine Wahrheit, die ich mir einbilde und an die ich tatsächlich glaube. Je mehr Antworten, umso mehr Versionen, umso mehr Widersprüche, umso größere Rage, umso gieriger, umso mehr beharren sie. Richtig in Fahrt gekommen halten sie plötzlich ein, als hätte man sie am Ärmel gezupft, sammeln ihre Sachen und verschwinden.

Mit allen Mitteln

Sie sind seit zwei Stunden weg. In der Zwischenzeit haben ihre Geschöpfe keine Gelegenheit ausgelassen, ich bin reif. Also kommen die beiden wieder, Kommissare Stelios und Giannis, verändert, düster, in einer Reihe, der eine hinter dem anderen, ganz langsam, mit gesenktem Kopf, so als ob sie zu einer Trauerfeier gingen. Kommissar Fotis fehlt. Umso besser, den will ich gar nicht sehen. Fast hätten sie mich seinetwegen vorhin hingerichtet, weil er etwas in seinen Notizen nicht finden konnte.

Ein plumper, tiefer Seufzer erklingt. Kommissar Stelios plumpst schief auf den Stuhl und beginnt, mir sein Leid zu klagen.

»Savvas, ich bin so unglücklich... ich habe auch Familie... zwei Kinder... was soll ich denn machen... .sie treiben sich die ganze Nacht in den Bars rum... auf mich hört keiner... der Eine hier und die Andere dort... was soll ich nur machen, Savvaaaas, ich finde keine Lösung... . Ich bin ganz allein auf der Welt zurückgeblieben... Mein Vater ist vor zwei Jahren gestorben... ich kann nicht mehr in mein Dorf fahren... es kommt mir so leer vor... ich denke immer ich fahre hin und finde ihn im Kaffeehaus... .aaaah, ich bin zum Waisen geworden.«

Ein Seufzer, der versucht, Schmerz auszudrücken, hinter dem sich aber eine wilde Freude verbirgt. Stunden klagt er mir sein Leid. Reiht traurige Geschichten und unzählige Unglücke aneinander. Das Schicksal hat ihn schwer geschlagen, bis er zum Epilog kommt.

»Du musst wissen, Savvas, ich kann dir helfen...«

Er steht auf, verschränkt die Hände hinter dem Rücken und beginnt im Raum der Intensivstation auf und ab zu gehen.

»Weißt du... mir... ich bin nicht der letzte Hiwi, ich bin der Kopf der Antiterrorpolizei... Polizeigeneral Syros... was immer du brauchst...« er bleibt unvermittelt stehen, dreht sich zu mir hin und redet Klartext. »Aber auch wir wollen deine Hilfe.«

So als wäre das etwas völlig Natürliches und Normales, ein Polizeigeneral auf der Intensivstation, höre ich unbewegt und farblosen Sinnes Titel und Dienstgrade. Und bei seinem Angebot, mir zu helfen fühle ich absolut nichts. Nur dass ich, berührt von seinem persönlichen Drama, begonnen habe, ihn zu bemitleiden.

Schrittweise Suggestion

Sie sind wirklich bemitleidenswert oder vielmehr beklagenswert. Geben vor, eine Leiche zu beknien während sie nahe dran sind, die eine Stunde später zu entsorgen. Reden, bitten, wissen aber genau, dass ich nicht die Mittel, nicht die Möglichkeit habe, zu entscheiden. Wissen, dass dieses Zentrum im Hirn so gut wie zerstört ist. Was sie nun tun, ist mit den sensibelsten Saiten des menschlichen Wesens, den Gefühlen spielen. Sie fragen mich nicht, sie suggerieren mir Dinge mit den perfidesten Mitteln.

»Denkt nicht... dass ich der... das Archiv der Organisation bin.«

Diese scheinbar unschuldige Antwort, die mir damals als glasklare, direkte Ablehnung, in etwa als »lasst mich in Ruhe, ich weiß nichts« erschien, birgt den gesamten Erfolg ihres diabolischen Planes. In ihre Sprache übersetzt, ist es, als ob ich sage: »Ich bin zwar nicht das Archiv der Organisation, aber was Hilfe für euch anbelangt, stehe ich zur Verfügung«. Es gibt keine Möglichkeit, dass ich verstehe, welche wahrscheinlichen Ausmaße diese Worte haben werden, oder unter ihrer hinterlistigen Führung haben werden können, wenn es um die Erfüllung bestimmter Ziele oder Interessen geht oder wenn ihre persönlichen Szenarien oder Kenntnisse hinsichtlich der Organisation bestätigt werden sollen.

Sie ergreifen die Gelegenheit beim Schopf und fragen nach Namen.

»Ich kenne niemanden mit seinem richtigen Namen.«

»Sag uns, was du weißt und die Zuordnung übernehmen wir.«

Sofort bereue ich, was ich gesagt habe, wie es oft geschieht. Wenn sie nicht wissen, was sie fragen können, habe ich kein Problem. Wenn ich ihnen aber nur die kleinste Handhabe gebe, greifen sie sofort zu und dann ist es fast unmöglich, nicht zu antworten. Es reicht, dass sie mir Fragen der Art stellen, bei der ich mich verpflichtet fühle zu antworten. In den Fällen beschleicht mich die fixe Idee, dass sie sofort verstehen würden, wenn ich einen Fehler mache. So interpretiert mein Gehirn das »wenn ihnen die Antwort nicht gefällt, reagieren sie sofort negativ«. Und so hören sie gezwungenermaßen alles was mir gerade in den Sinne kommt, ausgerichtet auf ihren Willen, ob vorhanden oder nichtexistent, phantastisch oder real, in Beziehung stehend oder völlig unzusammenhängend. Das setzen sie dann, entsprechend ihrer Bedürfnisse zusammen, das ist ihre Aufgabe.

Mit dieser Methode sind verschiedene Kodenamen herausgekommen, und kaum haben sie diese niedergeschrieben, beginnt die Qual der Wiederholung und des Beharrens auf immer die gleichen Fragen. Hier gibt es ein Problem, meine Erinnerung hilft kein bisschen weiter. Ich bekommen aber unverhoffte Hilfe aus ihrer eigenen Waffenkammer. Mir gegenüber erscheint eine dreidimensionale Tafel, die ich völlig realistisch wahrnehme und auf der sich die Kodenamen anordnen. Einige oben, andere daneben, wieder andere weiter weg, zwei und zwei oder drei und drei zusammen, und so lese ich die vor, wenn ich wieder gefragt werde.

»Also, nochmal von vorne.«

»Einen Moment, ich schaue auf der Tafel nach.«

Das sage ich laut, aber sie fragen mich nicht, was ich meine. Die Tafel ist immer da, wenn ich sie brauche. Manchmal spielt sie mir einen Streich und verkrackelt oder vertauscht die Anfangsbuchstaben aber ich finde mich trotzdem zurecht.

Umzingelung

Sie sind wieder gegangen. Solange sie bei mir sind, bleiben die Wahnbilder untätig und dass zerstört die Atmosphäre. Sie verlassen mich nur solange, bis die mich für die nächste Runde vorbereitet haben. Jede halbe Stunde Verhör erfordert mindestens eine Stunde Alleinlassen, um die Desorientierung aufrechtzuerhalten. Wenn das Verhör beginnt, ist das Gehirn zerstreut, sie aber wissen nicht, wo sie ansetzen sollen. Kaum sind sie ein wenig weitergekommen, haben sich auch meine Gedanken ein wenig geordnet, werden der Gefahr gewahr und halten sich zurück. Jemand informiert sie dann und sie gehen.

Jemand, denn es gibt hier in der Nähe sicher eine Gruppe, die das Material erhält, an Ort und Stelle auswertet und die nächsten Schritte im Verhör anweist. Diese Leitung kann nicht verborgen werden. Sie zeigt sich jedes Mal, wenn eine neue Runde im Verhör beginnt. Sei es durch ihren affektierten Gesichtsausdruck, sei es durch detaillierte Fragen zu Dingen, über die sie vorher uninteressiert hinweggegangen sind, sei es, dass sie auf eine Lüge zurückkommen, die ich ihnen vorher aufgetischt hatte und die sie geglaubt hatten. Die jedoch jemand in der Gruppe aufgedeckt hat.

Wenn sie gerade gegangen sind, ist der beste Moment um nachzudenken. Der Druck auf die Gefühle ist aufgehoben, die Wahnbilder haben sich noch nicht wieder aus untätigen in aggressive verwandelt, und das Denken wurde durch die vorausgegangene Präsenz von Menschen angeregt. Während ich unglaublich müde bin, geht mir ein finsterer Gedanke durch den Kopf: »Jetzt, wo sie erfahren haben, was sie wissen wollten, brauchen sie mich nicht mehr, sie werden mich umbringen, sobald ich eingeschlafen bin«. Hier zeigt sich die Tücke ihrer Methoden. Sie umzingeln mich Schritt für Schritt und lassen mir nur in die Richtung einen Ausweg, in die sie mich haben wollen. Ich kann nicht wissen, welche Gehirnregionen sie mit den Psychopharmaka zerstören, was ich weiß ist, dass sie mich dazu bringen wollen, mich wie ein Verräter zu fühlen und ich fühle mich tatsächlich schon, wie eine ausgepresste Zitrone, die überzeugen muss, dass sich noch von Nutzen ist.

Ich suche nach einer Lösung, muss das Ende herausschieben, so lange ich kann. Wenn ich versuche, sie mit einer Lüge davon zu überzeugen, dass ich noch von Nutzen bin, werden sie mich dafür später grausam quälen. Ich muss etwas tatsächlich Vorhandenes finden. Vier Tage sind vergangen, die konspirative Wohnung im Pankratie Viertel wird verlassen sein, da geht keiner mehr hin. Irgendwann werden sie die sowieso finden, ich bezahle ja die Miete nicht mehr. So kann ich ein wenig Zeit gewinnen, vielleicht passiert etwas bis zum Morgen, vielleicht findet man mich. Ich brauche auch Schlaf, ich kann nicht mehr. Seit vier Tagen habe ich nicht geschlafen, wie lange kann das noch weitergehen?

»Lasst mich ein wenig schlafen und am Morgen erzähle ich euch etwas, das mir eingefallen ist.«

»Warum sagst du es nicht gleich, damit du es hinter dir hast?«

Wenn ich jetzt rede, werden sie mich mit Fragen bombardieren und dann gibt es weder Schlaf, noch Aufschub. Damit ich einschlafen kann, muss auch der Chefarzt Bescheid wissen.

Ist der Chefarzt hier?«

»Hier bin ich.«
»Ist die Oberschwester hier?«
»Hier bin ich.«
Ich beginne zu versinken. Sollen sie sich doch jetzt mit dem Motorrad beschäftigen und am Morgen, wenn ich erwache, sehen wir weiter. Aber jetzt muss ich schlafen.
Vier Tage und Nächte habe ich wachgelegen. Anfangs konnte ich nicht schlafen, später wollte ich nicht, weil ich Tag und Nacht mit den tückischen Gasen kämpfte und danach haben sie mich mit den Verhören nicht mehr gelassen.
Vier Tage und Nächte schlaflos!

Freunde und Verbündete

Anfang der '80er
Ich nehme den Nachtzug nach Belgrad. Mein ganzes Gepäck ist eine Tasche mit Lebensmitteln. Ich werde nur wenige Stunden bleiben. Jemand braucht Unterstützung. Wann immer der Westen Probleme hat, sucht er die Schuldigen im in den Ländern des Ostens. Eine Junta, ein Krieg und die See an den Küsten des Mittelmeeres erbricht Leichen. Einige werden überleben. Durch dem Damm sickern Migranten.
Der Grenzzaun. Einige werden ihn überwinden und dann können sie vielleicht arbeiten und etwas zurückschicken. Eine Reise, die wir bequem mit Tausend Drachmen in der Tasche machen, ist für sie ein unerreichbarer Traum. Wir werden das nie begreifen, wenn wir uns nicht an ihre Stelle begeben, wenn wir nicht selbst die Furcht durchleben, mit der sie jeden Tag erwachen.
Einer ist bis hierher durchgekommen, ohne Gepäck, ohne Papiere, in ein Land mit ihm unbekannter Sprache, in der Hoffnung Freunde zu finden. Er hat sich nicht getäuscht, in Kürze wird er nach Deutschland weiterreisen, nicht ohne Hilfe.
Der Zug hat die Grenze überquert. Titon Veles, Skopje und nun Belgrad. Stempel, Visa, alles in Ordnung, ohne jedes Griechisch. Eine Reise in einen Traum oder in eine andere harte Wirklichkeit, ist egal. Hauptsache, die Hoffnung bleibt lebendig.
Ich spaziere allein durch die schneebedeckte Stadt. Sternenhimmel. Die Straßen, die Häuser, die Menschen, ein Windhauch einer anderen Epoche

ist vorbeigezogen, sanft in den Herzen eine Wärme hinterlassend. Die Stoischen ohne jeden Argwohn. Andere haben beschlossen, dass ihre Zeit abgelaufen ist. In wenigen Jahren werden an diesem ruhigen Himmel unsere eigenen NATO Raketen pfeifen, auf »strategische« Ziele niedersausen: auf dreihundertsiebzig staatliche Betriebe, die von den Arbeitern verwaltet werden, auf Elektrizitätswerke, auf Eisenbahnen, Brücken, Schulen, Altersheime, Krankenhäuser, Flüchtlingskarawanen...

... und auf vierzehn Panzer.

Tausende unbewaffnete Tote, die später Sterbenden nicht mitgezählt, ebenso wie die Versehrten, die sich ihr Leben lang quälen werden.

Ein weiteres zerstörtes Land, das einen Wiederaufbau benötigt – Darlehen – ein Mandat. Das Ziel und die Kollateralschäden. Sie sind im Anmarsch... Irgendwann in nächster Zukunft.

Hastig kehre ich zum Bahnhof zurück. Fahre ab.

Ein Atemzug in der Winterluft reicht aus, um sich wehmütig an einen Ort zu erinnern. Auch wenn man dort nur wenige Stunden verbracht hat.

Samstag 6.
Der Gute und der Böse

Ein anderer Mensch
Ich weiß nicht, wie lange ich geschlafen habe und ob es schon Morgen ist, denn draußen ist es noch ruhig. Ein starker Kopfschmerz drückt von einer Seite auf den Schädel und ein bitterer Geschmack liegt in der Luft, von seltsamen Alpträumen, die ich wohl in der Nacht gesehen habe.

»Der Polizeigeneral kommt«, hört man jemanden sagen.

Jetzt haben sie auch noch einen Proklamator eingeführt. Vor mir erscheint sofort das Bild von Syros. Er tritt zusammen mit Kommissar Giannis ein und ruft enthusiastisch: »Savvas, ich freue mich sehr. Ich kann dir trauen. Weißt du warum? Genau da, wo du gesagt hast, haben wir das Motorrad gefunden. Bravo!«

Und nach einer kurzen Pause wird er plötzlich ganz ernst und flüstert mir ins Ohr: »Du hast dich gestern an etwas erinnert.«

Ich bin weder dazu gekommen, mir etwas auszudenken, noch dazu, einen Aufschub herauszuspielen. Und wie immer folgen die Fragen nach Einzelheiten und die Wiederholungen, die mich fertig machen.

»Auf welchem Stockwerk? Welche Tür? Wie viele Wohnungen gibt es auf dem Stockwerk? Was steht auf der Klingel? Liegen die Türen nebeneinander oder einander gegenüber? Hat das Haus einen Aufzug?...«

Ich weiß nicht, was sie wollen, sie haben die Schlüssel bei mir gefunden, ist es ihnen zu anstrengend, zwei Türen auszuprobieren oder wird diese Prozedur einfach von der Bürokratie vorgeschrieben? Die letzte Frage zumindest macht mich sprachlos. Ich bin verwirrt. Sie schauen mich misstrauisch an und beginnen von vorne, bis sie verwirrter sind als ich und gehen. Die von mir gemachten Angaben waren so präzise, dass sie die konspirative Wohnung zunächst in Piräus suchen. Ich beharrte sogar mit absoluter Sicherheit darauf, dass sie ganz nah am Tzaneio Krankenhaus liege...

Ein absolutes Nichts hat mein Inneres vollständig geleert. Es ist keine von einem Gewicht begleitete Leere, sondern das absolute Nichts. Sie kommen und gehen, fragen Dinge vom fürchterlichsten bis zum lächerlichsten. Ich fühle nichts. Alles ist gleich, ohne jeden Unterschied. Ich gebe die konspirative Wohnung preis, als ob dies die alltäglichste Sache wäre, eine von denen, die wir mechanisch tun. Langsam aber sicher, ohne es zu verstehen, bin ich zum Schaf geworden. Habe aufgehört zu schreien, zu drohen, die Psychopharmaka zu umgehen, nach dem Pflegepersonal zu schlagen. Zu einer Schwester, die heute zu mir gekommen ist, habe ich, ich weiß nicht warum, begonnen, wieder und wieder zu sagen: »Ich habe beschlossen, brav zu sein, ich habe beschlossen, brav zu sein.« Ich kann mich nicht an die Assoziationen erinnern, die mich zu diesem Satz geführt haben. Wenn es Assoziationen gibt.

Pro-Forma
Heute ist irgendetwas passiert, denn mir ist fürchterlich schwindelig. Mein Bett dreht sich und ich glaube es wird gleich die Stufen herunterfallen. Außerdem hat sich mein Aufenthaltsort schon wieder verändert. Das geschieht von ersten Tag an ständig hier. Ohne dass ich begreife wie, befinde ich mich an einem anderen Ort, oder mein Bett wurde umgestellt, oder ich liege quer darin. Aber das bilde ich mir wohl nur ein, denn wenn ich es schaffe, irgendwo ein Zeichen anzubringen, wandert diese Markierung mit mir zusammen. Selbst jetzt in meinen Schwindelanfällen.

Während sich alles um mich dreht, verkündet jemand ernst die Ankunft des Polizeigenerals. Er kommt zusammen mit Kommissar Giannis, der wie üblich neben meinem Kopf Platz nimmt. Syros ist wütend. Aus Mangel an Personal spielt er sowohl den Guten, als auch den Bösen. Kein Problem. So oder so sind all meine dadurch ausgelösten Gefühle so flüchtig, dass sie von einem Moment zum anderen verlöschen, ohne eine Spur zu hinerlassen.

»Wer ist XY?« fragt er sichtlich genervt und Antwort heischend nach einem Kodenamen. Immer, wenn sie nicht weiterkommen, stellen sie eine völlig zusammenhanglose Frage, in der Hoffnung dadurch einen neuen Faden in die Hand zu bekommen. Unter den ermüdenden Wiederholungen ist ein weiteres Unwetter vorbeigezogen. Sie verschwinden zur schon bekannten Beratung und kehren mit neuen Anweisungen zurück.

»Rede Schurke, was war in der Flieder Strasse im Stadtteil Psychiko?«

Syros ist in Fahrt. Kommissar Giannis hat eine lange Aufzählung, eine Art Pergamentrolle mitgebracht. Die geht er von oben nach unten durch und sucht. Und ich stelle mir eine Gasse mit Häusern hinter hohen Mauern und blühenden Flieder vor.

»Wo liegt Psychiko?«

»Schuft« ertönt es aus zusammengepressten Lippen. Aber ich sage die Wahrheit. Obwohl ich Athen kenne wie ein Taxifahrer, kann ich mich nicht erinnern, wo Psychiko liegt.

»Rede, was weißt du über Bulukbasi, den Türken?«

Ich habe ihn noch nie so rasend gesehen. Von allen Anschlägen machen ihn die gegen die Türken am wütendsten.

»Was ist dem passiert?« frage ich kleinlaut und ängstlich.

»Dem habt ihr die Mutter gef... Den habt ihr umgebracht.«

»Möge der Herr seiner Seele gnädig sein.«

Er versinkt ein wenig in Nachdenken, weil es bei diesem Anschlag lediglich leicht Verletzte gegeben hatte.

»Er sagt die Wahrheit, der hat keinen Schimmer«, wendet er sich schließlich an Kommissar Giannis, der trotz des Geschreis seinen eigenen Gedanken nachhängt.

»Was? Was hat er gesagt?« fragt Giannis.

»Möge der Herr seiner Seele gnädig sein«, wiederholt Syros.

»Na gut, machen wir weiter.«

Mit der gleichen Besessenheit fragt er nach anderen Anschlägen. Die Fragen haben das gleiche Ergebnis. Schließlich ändert er die Taktik.

83

»Wann wurdest du Mitglied der Organisation?«
»Ich kann mich nicht erinnern...«
»Du erinnerst dich nicht?« Er flucht. »Was war der erste Anschlag, an dem du teilgenommen hast?«
»Der in Psychiko..., wann war das nochmal?«
Kommissar Giannis liest das Datum aus der Liste ab.
»Der danach?«
Einen nach dem anderen liest er die Anschläge vor. Ein Datum nach dem anderen, bis zum Überfall auf das Kriegmuseum 1990.
»Das war der erste. Wir haben ihn gefunden!«
Er beginnt aus dem Polizeibericht vorzulesen, während Syros ständig attackiert, in der Hoffnung, die Namen der Täter zu finden. Es sieht so aus, als versuchen sie den Polizeibericht in etwas umzuschreiben, was den Aussagen eines Organisationsmitgliedes gleicht. Doch wie kann jemand eine Farbe beschreiben, die er nie gesehen hat? Anstatt um die Übernahme der politischen Verantwortung auf der Basis einer revolutionären Ethik geht es ihnen um eine Verteilung von Verantwortung auf strafrechtlicher Basis, die ein möglichst einfaches Verhängen von Strafen ermöglicht. Deswegen sind ihnen auch Angaben, die beispielsweise geeignet wären, zukünftige Anschläge zu verhindern, völlig egal. Sie interessieren sich nicht für die Arbeitsweise der Organisation, es interessiert sie nicht, wie Vorbereitungen getroffen, Fluchtwege festgelegt oder Informationen gesammelt werden, sie kümmern sich nicht einmal um die Sicherheitsvorkehrungen der Organisation, den internen Umgang untereinander, die geheimen Treffpunkte. Das einzige, was sie interessiert ist das Ausfüllen der Lücken in ihren Berichten. Der Rest ist »Kleingedrucktes«. Ich glaube allerdings, dass es schon einem Bereitwilligen im Vollbesitz seiner Gesundheit nicht möglich wäre, diesen Forderungen nachzukommen. Und schon gar nicht über derart lange Zeit.

Sie haben noch einmal versucht, mir zu erklären, wo ein Stadtteil liegt, diesmal das Viertel Halandri, aber wieder ohne Erfolg und so geben sie auf. Sammeln ihre Papiere ein und ziehen sich zur Beratung mit der auswertenden Gruppe zurück.

Kurz-Schluss
Nach geraumer Zeit, solange wie nötig, um mein Gehirn durcheinander zubringen, kehren sie zurück.

»So ist das also, was? Möge der Herr seiner Seele gnädig sein, was?« beginnt Syros höhnisch und mit drohendem Unterton. In Windeseile belegt er mich mit seinem kompletten Schimpfwortregister.
»Rede, Kerl, wer war noch mit dir dabei in Psychiko?« schäumt er.
Ich habe keine Ahnung, ob die Spezialisten in der Auswertung meine Aussagen so analysieren, ob er nur blöfft oder ob sie aus Gründen, von denen ich nichts weiß, schlussfolgern, aber er ist sich so sicher und auf dem Sprung mich in Stücke zu reißen, dass dies allein schon ausreicht, mich zum Antworten zu bringen. Die Art, in der die diktierte Frage gestellt wird, setzt voraus, dass ich dabei gewesen bin. Bei derartigen Fragen ist es mir nicht möglich, dies zu hinterfragen oder anzuzweifeln. Mein Gehirn gehorcht vielmehr und beginnt, auf der Basis von Realem und Irrealem ein Bild zu erzeugen, dass der Frage entspricht. Ich bin auch völlig unfähig, eine Beschuldigung und sei sie noch so schwerwiegend, abzustreiten, da nichts davon mich wirklich berührt, mich alles seltsam kalt lässt. Ich schaffe es nicht einmal, eine Frage nicht zu beantworten, sondern fühle mich zur Antwort verpflichtet.

Und so, in der Zeit wieder zurückschreitend, ist ein neues Szenario aus dem Jahre 1987 entstanden. Das Ritual ist bekannt: Wir notieren das Datum, lesen den Polizeibericht, der oberflächlich, improvisiert und willkürlich umgeschrieben wird und danach werde ich gedrängt, ob ich mich nicht an irgendetwas erinnere, was über die Aktion innerhalb der Organisation kursierte. Irgendetwas, und seien es »Anekdoten«, die dann in den Bericht eingestreut werden.

So versuchen sie erneut, fünf bis sechs Anschläge aus der Liste abzuarbeiten. Danach, so als seien sie sich nicht sicher über das Ergebnis, stellen sie mir irgendwelche mechanischen Fragen, oder vielmehr sich selbst, denn eine Antwort erwarten sie gar nicht. Sie scheinen zu schwanken und verschwinden unzufrieden. Sie brauchen Unterstützung und deswegen legen sie erneut eine lange Pause ein.

Die Karotte
»Der Polizeigeneral kommt gleich und er hat eine Überraschung für dich.« Die Stimme des Proklamators.

Es dauert nicht lange, bis auch Syros auftaucht. Es sieht sehr erfreut aus, will mich auf etwas Gutes vorbereiten. Die Wechselbäder gehen weiter. Die Flüche von vorhin sind vergessen.

»Savvas, ich muss dir was sagen. Weißt du, du bist nicht im Krankenhaus Tzaneio, sondern im Krankenhaus Evangelismos. Wir haben dich in Narkose verlegt.«

Ich bin nicht in der Lage gewesen, meine bisherigen Beobachtungen logisch zusammenzubringen, aber jetzt, wo mir der General sie bestätigt, bin ich bereit sie sogar mit geschlossenen Augen zu glauben.

»Ich habe ein Überraschung für dich« fährt er freudig fort, »ich bringe dir deinen Vater. Er ist hier und hat dich gesehen während du schliefst.«.

Vielleicht sind sie doch nicht so schlechte Menschen? Doch die Vorstellung, dass man mich isoliert, ohne dass irgendjemand von meinem Verbleib weiß, habe ich derart verinnerlicht, dass es mir seltsam erscheint, einen Angehörigen zu sehen. Selbst wenn ein solcher Besuch die Isolation aufhebt, hat diese Vorstellung in mir bis zuletzt tiefe Wurzeln geschlagen.

Momentan kann ich den Besuch nicht als freudiges Ereignis begreifen, denn dies setzt voraus, dass ich die Wichtigkeit der Ankündigung begreife. Auch als Ausweg vermag ich ihn nicht zu sehen, weil dies die Fähigkeit, logisch zu denken, voraussetzt. Ich freue mich nur, weil Syros sich freut. Schön, ich werde also meinen Vater sehen. Ich habe meinen Vater seit Jahren nicht gesehen - ich habe ihn vor 10 Tagen gesehen – ich freue mich. Die Ankündigung fordert Freude und das Zusammentreffen fordert Rührung.

Es dauert nicht lange und Syros erscheint, von weitem mit singender Stimme rufend, wie ein Hirte vom gegenüberliegenden Berg.

»Saaaavvas, wer bin ich?« um selbst die Antwort zu geben: »Der Stelios! Und wen habe ich dir gebracht?«, singt er weiter. »Deinen Vater.« Er fährt fort zu trällern und zu tanzen, wie ein Onkel, der aus der Stadt zurückkehrt und den Neffen und Nichten Süßigkeiten mitgebracht hat. Es ist offensichtlich, dass er sich nicht an einen Vierzigjährigen, sondern an ein kleines Kind wendet.

Sie kommen. Wie sie näher kommen, frage ich mich, was das angemessene Gefühl für den Augenblick ist, denn ich fühle nichts. Aus dem Gedächtnis bereite ich mich auf stumme Rührung nach geflossenen Tränen vor aber kaum stehen sie neben mir, breche ich in ein dämliches, unhaltbares Gelächter aus. In den wenigen Sekunden, die der Besuch dauert, versucht mein Vater, mich zu mir zu bringen. Ich öffne die Handfläche, weil meine Hand angebunden ist, um ihm zuzuwinken. Doch eine Pranke wie eine Schaufel erreicht mich zuerst und wendet den Schaden ab. Die von Syros, der zufrieden die Glückwünsche einstreicht.

Märtyrer

Um '83
Ich setze mich an die Staffelei und male. Nach vielen Abenteuern bin ich bei dem gelandet, was ich am besten kann. Ikonenmalerei. Unsere Tradition, die Kunst als Fortsetzung der antiken griechischen Malerei, mit Methoden und Techniken, die von Mund zu Mund über Jahrhunderte weitergegeben werden und die inneren Bedürfnisse jeder Generation und Epoche reflektieren.

Eine Tradition, von den einfachen, schlichten vierfarbigen Wandmalereien der klassischen Antike, die die natürliche Schönheit preisen, auf eine Weise, die nur durch das Prisma der Ionischen Philosophie erforscht werden kann, bis zu den Totenmasken von Fayoum, die mit einer geheimen Hoffnung die Lebensfreude abbilden, mit ihrem Blick als einer überirdischen Brücke zwischen Lebenden und Toten, bis zur Ikonenmalerei. Der Kunst, die mit ihren Gegensätzen, dem intensiven Licht des Mittags, der umgekehrten Perspektive, den bescheidenen Farben, die Regeln einer anderen Welt aufdeckt, die sie nicht beschreibt, sondern mit einfacher Symbolik »erzählt«, lehrt, das Denken auf eine innere Suche lenkend. Eine von der Kerze erleuchtete Kunst und doch so strahlend.

Ich male in Ruhe. Vor mir habe ich das Bild des heiligen Georg. Im gleichen Moment schlachtet Scharon in dessen Heimat, in Palästina, im Libanon, in unserer Nachbarschaft, in den Flüchtlingslagern Sabra und Satila Zivilisten. Wir sitzen hier und philosophieren, schmieden Pläne, kritisieren aus sicherer Warte heraus, im Glauben, dass alles bleibt wie bisher, gleichmäßig und reibungslos. Andere, direkt in unserer Nähe, können nicht einmal auf den nächsten Moment hoffen.

Wer also könnte morgens aufwachen und ausrufen: »wie schön doch die Welt ist! So sollte es immer bleiben!«, wenn nicht jemand, der seinen Gewinn auf den Leichen dieser Welt einfährt. Im seelenruhigen westlichen Wohlstand, der »Überflussgesellschaft«, die für ihr Überleben, ihre Unversehrtheit darauf angewiesen ist, unaufhörlich durch Kriege gefüttert zu werden. Sie fordert nicht nur den Körper der Zivilisten sondern, viel schlimmer, das Blut der Jungen, in der Blüte ihrer Jahre, im schöpferischsten Alter, gerade dann, wenn sich die Zukunft klar vor ihnen ausbreitet. Wenn Theseus in unserem Zeitalter lebte, in welchem Land würde er den Minotaurus suchen?

Ich schaue noch einmal auf den heiligen Georg. Den Gefangenenbefreier und Beschützer der Armen. Die Mythen von Perseus, Ariadne und Medusa in seinem Leben verwoben. Der Drache, der um weiter zu existieren, Menschenblut fordert, kämpft, vom Spieß auf der nackten Erde festgenagelt, in rasender Leidenschaft um sein Leben. So viele Feldherren unter den Ikonen, so viele tödliche Waffen, so viele heilige Märtyrer.

Sonntag 7.
Vertauschte Rollen

Scripta manent
Sie haben mich verlassen. Ich kann die Pause für einen kurzen Schlaf nutzen. Ich wünschte, dass jemand, dem ich vertrauen kann, neben mir säße, wenn sie nicht da sind, damit ich in Ruhe schlafen kann, aber in dieser Unruhe bleibe ich wach, so lange ich kann. Ich habe ein wenig gedöst, meine Sinne immer auf die Seite gerichtet, auf der, wenn er kommt, Kommissar Giannis sitzt, dahin, wo die schlimmeren Drohungen lauern. Wahrscheinlich habe ich im Schlaf mein linkes Auge gedrückt, es schmerzt. Wenig später wache ich wieder auf und, so als hätten sie in der Ecke gewartet, kommt das übliche Pärchen an. Polizeigeneral Stelios und Kommissar Giannis.

»Guten Morgen, Savvas, wir wollen noch ein paar ergänzende Informationen.« Syros kommt gleich zum Thema, mit der Routine eines staatlichen Angestellten, der seinen tägliche Arbeitstag ableistet. Suggestion in vollster Natürlichkeit, vielleicht ist auch dies Bestandteil der Verhörmethode. Trotz ihrer anfänglichen Versuche, völlig natürlich zu erscheinen, geraten die Verhörer langsam in Fahrt. Sie reagieren gereizt, mehr, weil etwas nicht nach ihrem Willen läuft, als um mich einzuschüchtern. Irgendwann versuchen sie, sich an eine Einzelheit aus den vergangenen Tagen zu erinnern. Im Wortgefecht höre ich sie von einem Archiv, einer Tonaufzeichnung sprechen. In mir zerreist etwas wie eine Saite. Vielleicht ist es der Besuch meines Vaters, vielleicht ein wenig der Schlaf, ich weiß es nicht, aber ich fühle mich plötzlich wie das armseligste Subjekt der Welt. Ich protestiere eingeschüchtert, fast weinend.

»Was..., dass heißt, ihr archiviert das? Ihr zeichnet alles auf?«
»Warum, willst du nicht, dass wir dich aufnehmen?«

»Macht mich nicht noch mehr zum Gespött, macht mich nicht zum Wurm. Ihr habt bekommen, war ihr bekommen konntet, was wollt ihr noch von mir?«

»Stell dich nicht so an, wir zeigen das nirgends, es wird nicht über den Bildschirm flimmern.«

Es ist, als würde ich aus einem Alptraum erwachen. »Lasst mich in Ruhe. Verschwindet. Ich habe das alles begangen, schreibt das, schreibt, was ihr wollt, lasst mich in Ruhe sterben.«

Sie lassen ihre Papiere im Stich und stürzen sich auf mich. Reden laut und leise in allen Tonfällen auf mich ein, von Panik ergriffen, einzeln und im Chor. Die Stimme von Stelios dominiert.

»Bist du verrückt? Willst du die ganze Geschichte auf dich allein nehmen? Siebenundzwanzig ganze Jahre? Du bist jung, soll doch jeder seinen Teil bezahlen. Wenn du Bohnen gegessen hast, zahlst du Bohnen, hast du Lamm gegessen, zahlst du Lamm.« Es folgen weitere aufrüttelnde Argumente, deren Sinn ich nicht zu verstehen vermag.

Sie fahren fort, mit allem, was ihnen gerade in den Sinn kommt, aber eine derart ernste Situation kann nicht dem zufälligen Fruchten irgendwelcher Argumente überlassen werden, denn ein Überzeugen hängt nicht nur von Worten ab. Natürlich bedarf es auch theoretischer Unterstützung, die führende Rolle aber spielt die Hilfe der Technik. Sie entfernen sich in aller Eile, damit man ihnen sagt, wie sie diese Klippe umschiffen oder diesen Patzer ausmerzen, damit das Rad erneut ins Rollen kommt.

Der Kramladen des Kommissar Giannis...
Stunden vergehen, bis sie wiederauftauchen. Dann treten sie ein und lassen sich an den Bettenden nieder, wie immer, aber diesmal andersherum. Syros kommt nach links ans Kopfende und Kommissar Giannis rechts ans Fußende.

»Savvas, heute wird Kommissar Giannis mit dir sprechen«, informiert der Polizeigeneral als Vorgesetzter. Kommissar Giannis verschränkt die Hände hinter dem Rücken und schreitet ein wenig im Zimmer auf und ab, gedankenversunken, versucht den Anfang zu finden. Räuspert sich...

»Savvas, du musst dir selbst helfen... es liegt ganz bei dir... du kannst das... es gibt einen Weg. Wir wissen ihn... werden ihn dir zeigen... es gibt auch ein Gesetz... damit du weißt... uns geht es um dein Wohl... Ich... Wir haben davon gar keinen Vorteil... es geht nur um dich... auch nicht der Polizeigeneral... jetzt, im Unglück hast du auch Glück... vorher gab es hier nicht... weißt du... nur in den USA... aber zum Glück wurde das hier auch verabschiedet... so als wäre es für dich maßgeschneidert... du hast jede Menge Möglichkeiten... du kannst dich glücklich schätzen... hier ist Griechenland, da ist vieles einfacher... wir werden auch sagen... dass du uns geholfen hast... wenn du in den USA wärst, läge die Sache anders... dieses Gesetz gibt dir viele Möglichkeiten... Das neue... du kannst Schutz haben, ein ganzes Leben lang... nennt sich Zeugenschutzprogramm... so viele Polizisten du brauchst... niemand wird dir etwas anhaben können... wohin du auch gehst, auf die Berge, ans Meer... ins Schlafzimmer, aufs Klo... immer wird jemand neben dir sein und dich schützen.«

»Und wenn ich die nicht will?« Schon bin ich überstürzt in den Dialog eingestiegen.

»Wenn du sie nicht mehr brauchst, in einigen Jahren... werden sie weiter weg sein und dich diskret schützen. Und wenn du sie wieder brauchst, werden sie wiederkommen... Aber du hast nicht nur dieses Privileg... Es kommt noch besser... du kannst deine Identität wechseln... einen anderen Namen wählen... so sagt es das Gesetz, ich sage die Wahrheit. Dann wählst du noch einen sehr schönen Ort irgendwo in den USA... und lebst ruhig für immer... keiner wird je erfahren, wo du bist...«

Er legt Einzelheiten dar, während ich mich selbst schon mit Gewichten in den Taschen in Gesellschaft der Fische sehe; die Angst ergreift nicht Partei, sie wirkt in alle Richtungen. Trotzdem arbeitet mein Gehirn unbewusst in die von ihnen vorgegebene Richtung.

»Ihr glaubt doch nicht, dass wir hier noch Verträge unterschreiben«, sage ich in dem Glauben zu widersprechen, während ich mich im Grunde auf ihre Logik einlasse.

»Schau (look)... Verträge wird es nicht geben... es gilt jedoch das Wort eines Mannes... eine bessere Sicherheit gibt es gar nicht: Ich schwöre auf meine Ehre als Mann und als Polizist. Nicht wahr, Polizeigeneral?«

»Genau, genau.«

»Das Wort des Polizeigenerals ist wie ein Vertrag... sogar wertvoller.«

Er redet und redet. Hat seinen anfänglichen Enthusiasmus verloren und spricht nun eher als sei er verpflichtet.

»Wenn du in dieses Programm aufgenommen wirst...« Seine Stimme wird nach und nach schwächer. Nicht einmal er selbst, glaubt an das, was er sagt.

Verwendet widersprüchliche und sich selbst widerlegende Argumente. Bittet mich, mir selbst zu helfen. Ihre Psychologen haben eine falsche Einschätzung getroffen, weil sie bei ihren Untersuchungen immer durch die Brille ihrer eigenen gesellschaftlichen Wahrnehmung schauen. Einer Konsumgesellschaft, für deren Funktionieren nur ein einziges Neuron erforderlich ist. Das des Pac-Man, der konsumiert, bis er selbst konsumiert wird. Es wird ihnen nie in den Sinn kommen, dass ein Mensch von etwas anderem als dem persönlichen Vorteil getrieben werden kann. Sie werden nie verstehen, was jemanden dazu bringen kann, sich selbst für die anderen zu opfern, den eigenen Vorteil von den bedeutendsten bis zu den alltäglichsten Entscheidungen hintenanzustellen. Der sich schuldig fühlt und Gewissensbisse hat, wenn er etwas für sich selbst braucht und sei es noch so dringend und unerlässlich. Einige Dinge aber sind so tief und fest verwurzelt, dass sie mit keiner bewusstseinsverändernden Methode erschüttert werden können, seien es Privilegien, seien es Psychopharmaka.

»... Und was das vorhin Gesagte angeht...«, fährt er fort zu schwätzen, im Versuch, seine Rede zu einem Ziel zu führen. Ich weiß nicht, wer die glänzende Idee hatte, ihn dazu zu animieren, mitten in der Nacht einen dermaßen verlockenden Vorschlag auszuhandeln: Lebenslanges Exil und Isolation in einem Land ihrer Wahl. Sie haben mir jede Gehirnfunktion zerstört, durcheinandergebracht, alles kurzgeschlossen und zum Schluss greifen sie nach Methoden mit denen selbst ein Wirtschaftsflüchtling schwer zu überzeugen wäre. Wie verloren muss jemand sein, damit er sich vollständig und unwiderruflich seiner Wurzeln entledigen lassen will? Wie tief muss er gesunken sein? Vielleicht ist es das, was sie mit mir vorhaben, damit die Methode ihr Ziel erreicht, damit es keinen Rückweg mehr gibt.

... der ins Leere fällt
»Und natürlich, was deinen Teil angeht...« Seit geraumer Zeit ist er bei der Gegenleistung angelangt, hat das Betteln begonnen. »... die Mitglieder... wir müssen die Mitglieder finden... du kannst uns helfen... nicht uns, dir selbst.«

Obwohl ich in einen derart nutzlosen Dialog gezogen und verwickelt werde, versuche ich instinktiv, Zeit zu gewinnen. Das ist eine automatische Reaktion geworden.

»Das ist nicht so einfach, es braucht mindestens zwei Jahre Untersuchung bei dem was ich weiß. Bis zur Olympiade. Ich werde euch sehr gute Skizzen zeichnen, ich bin Ikonenmaler, aber ich muss erst wieder auf die Beine kommen.« Und ich fahre fort in einem ungebremsten irren Wortschwall, einem wirren Monolog, der, wie schon der vorhergehende, in Wirklichkeit nicht zusammenhängend, sondern mit unzusammenhängenden, nicht vollständig ausgesprochenen Worten und von Satz zu Wort flatternd, Behauptungen zusammenfassend, und von Bedeutung zu Sinn springend zustande kommt.

So lange ich rede gelingt es Kommissar Giannis nicht, sich einzuklinken. Er weiß nicht, wie er reagieren soll, sieht schwarz. Mal wird er ärgerlich, beherrscht sich aber gleich wieder, mal glaube ich, dass er vor zurückgehaltener Wut gleich in Tränen ausbrechen wird. Dann wieder glaubt er, dass ich ihn zum Narren halte, sieht aber, dass ich es ernst meine. Zu guter Letzt betrachtet er mich nachdenklich, mustert mein Gesicht. Vielleicht sieht er im Halbdunkel eine tiefe Aufrichtigkeit in dem, was ich sage und erkennt, dass er es mit einem Idioten zu tun hat.

»Das ist ja alles schön und gut, aber was machen wir jetzt sofort?«

Er ist verzweifelt, so lange hat er geredet und weiß nicht, ob seine Worte irgendwo auf fruchtbaren Boden gefallen sind. Ich lebe in meiner eigenen Welt oder vielmehr in der, in die sie mich geschickt haben. Nicht ohne Grund. Eine Antwort bekommt er, die Treffpunkte betreffend. Eine von denen, die ich bereue, sobald ich sie ausgesprochen habe, obwohl ich weiß, dass niemand zu den mir bekannten Treffpunkten mehr kommen wird.

»Im Moment weiß ich nur die Treffpunkte für Verabredungen. Wenn ihr die beobachtet...«

Aber auch das scheint ihm fern.

»Lassen wir das, das sind ungelegte Eier. Wir wollen Adressen, Telefonnummern, Namen. Weißt du welche?«

»Nein, ich kann nur Skizzen machen, aber dafür muss ich gesund werden.«

»Was das angeht... wir werden dich auf die Beine bringen. Was immer wir den Ärzten sagen... mach Männchen, ... bedankt dich beim Polizeigeneral. Der hat das alles arrangiert. Er hat dich hierher gebracht, ins beste Krankenhaus, er hat die besten Ärzte und Professoren für dich gefunden. Er hat auch mit dem Ministerpräsidenten gesprochen, der ihm alles, was nötig ist, zugesichert hat. Wenn es sein muss, bringen wir dich sogar nach England. Kostenlos.«

Letzteres war auch als Drohung gemeint, aber das habe ich nicht kapiert, nicht einmal als er mir die folgende, scheinbar unzusammenhängende Geschichte erzählt.

»In einem lateinamerikanischen Land wurde vor ein paar Jahren eine Vereinbarung zu Verhandlungen zwischen der Regierung und 18 Guerillagruppen getroffen. Und weißt du, was dann geschah? Man hat die 18 Anführer in einen Hubschrauber geladen und über dem Dschungel fliegend einen nach dem anderen ›gepflanzt‹.«

Er zeigt mir mit der Hand wie. »Eins... zwei... drei...« und lacht schadenfroh während er mit Syros den Raum verlässt.

Für heute ist das Gespräch zu Ende.

Montag 8.
Abrechnung

Offene Angelegenheiten
Die beiden bekannten Schatten sind wieder eingetroffen. Sie fallen auf, weil die Wahnvorstellungen in Menschengestalt in letzter Zeit fast vollständig verschwunden sind. Auch die Tafel mit den Kodenamen verschwindet langsam aber glücklicherweise fragen sie mich danach gar nicht mehr. Heute steht etwas anderes auf dem Speiseplan. Sie ignorieren demonstrativ den gestrigen Misserfolg und tun so, als setzten sie irgendwo an, wo wir stehengeblieben waren. Syros hat wieder seinen ursprünglichen Platz am Kopfende des Bettes eingenommen.

»Ich habe hier die Liste mit den UBZ«, höre ich Kommissar Giannis sagen.

»Was sind ubezett?«

»Ungelöste Bombenexplosionen mit Zeitzünder«, erklärt er mir stolz. »So nennen wir die. Heute werden wir die Bombenanschläge einordnen, zu denen sich bisher niemand bekannt hat.«

Er spricht mit lauter Stimme, weniger wegen meiner Hörschwäche, als um sich zu brüsten. Das Verhör übernimmt Syros.

»Wann bist du nach Athen gekommen?«

»Irgendwann 81... ich glaube nach den Wahlen.«

Auch er schaut in die Liste. Beschreibt mir verschiedene Bombenanschläge. Mir erscheinen sie alle gleich, wie die Chinesen. Er ließt Daten, Orte, Zeiten, Adressen, Namen von Banken, Firmen, Institutionen, Kennzeichen vor. Für mich bilden sie ein einziges Gemisch. Ein »möglich«, ein »vielleicht« ein »ich weiß nicht«, sind so unbestimmt und trotzdem ordnen sie sie, eilig und oberflächlich, entsprechend ein. Sie sind nicht zufrieden, wollen die

Sache aber so schnell wie möglich abschließen. Vielleicht werden sie auch gedrängt, in das Stadium der gesetzeskonformen Verhöre überzugehen. Sie legen die UBZ beiseite und holen große Blätter Papier, wie Zeitungen hervor.

»Gut, fangen wir an, Nationalbank.«
»Eine Bombe auf die Nationalbank?«
»Nein, jetzt ordnen wir die Raubüberfälle ein.«
»All diese Blätter? Sind das nicht zu viele?«

Die Liste ist riesig. Ich hätte niemals gedacht, dass es so viele unaufgeklärte Raubüberfälle gibt. All die Tage haben sie sich nicht dafür interessiert. Auch jetzt scheinen sie nicht besonders motiviert. Für sei ist es eine lästige Fronarbeit oder zumindest versprechen sie sich keine Hilfe davon.

Kommissar Giannis ordnet die Listen. Jeweils eine riesige für jedes Jahr und jede Bank. Nationalbank, Handelsbank, Ionische Bank, Postbank. Er liest sie gehetzt in alphabetischer Reihenfolge vor.

Die Nacht vergeht und das Morgengrauen naht. Auf der Intensivstation sind Milliarden Drachmen vorbeigezogen und er liest noch immer.

»... drei Millionen... vier... dreikommazwei... drei... sechskommavier... Mmmilli... mm... fünfundvierzig Millionen. Hoppla, hier haben wir was...«

Verantwortung

Kurz vor '85

Ich kehre nach Hause zurück. Seit kurzem wohne ich neben dem Hügel mit den Pinien. Habe eine Arbeit ohne Boss. Malerei, Ikonen, gewinnbringende schöpferische Tätigkeit. Und eine Wohnung, nach meinem eigenen Geschmack gestaltet. Ich besuche Museen und Ausstellungen, gehe in Künstlertreffs und habe gute Freunde. Man kommt in mein Atelier, wir diskutieren über alles mögliche und am Abend geht es in irgendeine Taverne. Was will ich mehr? Ich bin jung, gesund, habe ein hübsches Haus, eine gute Arbeit, meine Unabhängigkeit. Ich brauche niemanden.

Aber vielleicht die anderen?...

Unabhängigkeit oder Einsamkeit oder Entfremdung oder Atomisierung. Ich arbeite mit Farben und mein Leben ist so farblos. Ich habe mir einen Mikrokosmos geschaffen und mich darin eingeschlossen. Schütze ihn vor Eindringlingen, staube ihn ab, putze ihn und werfe den Abfall zum Nachbarn hinüber. Wo beginnt und wo endet das Absurde? Eines Tages wird er von mir Erklärungen fordern.

Einen Waldbrand vor zehn Jahren in Florina fühle ich immer noch brennen. Alle, betroffen oder nicht, haben sich opferbereit auf die Flammen gestürzt. Das Gefühl der Anteilnahme auf ihren Gesichtern geschrieben. Keiner von ihnen achtet auf zwei kleine Stöpsel, die mit Besessenheit zwischen den Erwachsenen kämpfen. Die sie aber alle überragen. Denn für die beiden Kleinen ist es keine Anteilnahme, sondern sie sehen so aus, als schuldeten sie es sich selbst. Ihre Beharrlichkeit und Anstrengung kennen keine Grenzen. So klein und doch so verantwortungsbewußt, ganz einfach, weil sie vor kurzem hier in der Nähe mit Streichhölzern gespielt haben. Wenn auch wir so denken würden, als hätten wir selbst das Unheil angerichtet, wie anders sähen dann die Dinge aus.

Ich bin ganz in der Nähe, könnte helfen, aber ich reagiere nicht. Mein ganzes Interesse ist auf das Verfolgen, das Verstehen des Problems gerichtet, das Problem selbst vergessend. Ich nehme das Schauspiel als einen künstlerischen Eingriff in den Raum wahr, darüber philosophierend, ohne dass es mich etwas kostet. Irgendein Baum dort hinten verbrennt aufgrund meiner eigenen Unsensibilität.

Ich weiß nicht, wer der schlimmere Brandstifter ist; der, der das Feuer entfacht, oder der, der unbewegt zusieht, wie die Welt in Flammen steht.

Dienstag 9.
Umzug

Die richtige Vorbereitung...
Auch heute sind die Augenärzte wieder hier. Anfangs sind sie einzeln und nicht besonders regelmäßig gekommen, aber seit ich die Skizzen erwähnt habe, kommt, vielleicht zufällig, jeden Tag eine ganze Gruppe. Wahrscheinlich hat auch sie Syros geschickt.

»Der Polizeigeneral kommt.«

Wieder der Proklamator. Zusammen mit Syros kommt Kommissar Giannis, die beiden sind unzertrennlich. Syros hat gute Laune.

»Savvas, ich habe gute Neuigkeiten für dich. Dein Gesundheitszustand wird immer besser. Endlich wirst du die Intensivstation verlassen können. Heute werden wir dich nach oben verlegen, in ein normales Krankenzimmer.«

Zum ersten Mal, nach so vielen Tagen, informieren sie mich über meinen Gesundheitszustand. Glücklicherweise übernimmt das der am besten Geeignetste. Der Chef der Antiterrorpolizei zusammen mit seinem Adjutanten. Zumindest ist er optimistisch.

Ich bin erfreut. Nicht wegen meiner Gesundheit, wer denkt schon in so einem Moment daran. Wegen der Isolation. Wunderbar! Ich komme in ein Krankenzimmer mit anderen Patienten, ich werde mit jemandem reden können, meine Familie wird mich besuchen und mir Neuigkeiten berichten, ich werde Radio hören können. Und das wichtigste... ich werde LICHT sehen.

Meine Freude währt nicht lange. Dunkle Gedanken wie Fledermäuse beginnen mir durch den Kopf zu fliegen.»Wenn es sein muss, bringen wir dich sogar nach England.« Man wird mich nicht nach oben, sondern ins Ausland bringen. Vielleicht auch nach oben, aber nur um mich aus dem Fenster zu stoßen und dann zu sagen, ich hätte Selbstmord begangen. Die Dachterrasse wird auch in der Nähe sein. Von dort können sich die Amerikaner an Seilen herunterlassen, mich um die Ecke bringen und dann dafür in den USA vor Gericht gestellt werden. Nein, mich werden sie in die USA bringen, um sich für ihre 27 Jahre Unfähigkeit zu rächen. Oder auf den Grund der Ägäis. Solange sie mich hier in Isolation halten, bis die Welt davon erfährt, bis die Zeitungen meinen Namen schreiben, wo ich bin, können sie mit mir anstellen, was sie wollen.

»Und wie sie über dem Dschungel fliegen, haben sie einen nach dem anderen ›gepflanzt‹.«, ist mir als hörte ich die Stimme von Kommissar Giannis und sein teuflisches Lachen durch die Gänge des Krankenhauses hallen.

Schweigend und eilig kommen sie, um mich für das andere Stockwerk vorzubereiten. Es sind viele. Das Bett wird zur Tragbahre, sie knöpfen zu, knöpfen auf, wechseln die Stecker, den Monitor. Auf mein Fußende kommt ein tragbarer, mit Batterie. Weiter oben, neben meinen Arm, eine Sauerstoffflasche. Oberhalb des Kopfes der Tropfständer. Was die Stricke und die Riemen angeht, so sind die, nun, wo der Willen gebunden ist, überflüssig. Ich werde sie los und das ist, obwohl ich auch durch die Kabel und Schläuche eingezwängt und verstrickt bin, eine große Erleichterung. Die aber nicht lange anhält. Ich weiß nicht, wie lange die Batterie die Maschinen versorgen kann aber ich bin für jede Destination verpackt. Um mich herum nur Unbekannte und als ob das nicht reichte zählt zu den angewendeten Maßnahmen auch noch eine Kapuze, die mir übergestreift wird, so dass ich überhaupt nichts mehr sehe. Ich beginne mich auf das Ende vorzubereiten.

»Ist Stelios hier?«

»Der ist hier irgendwo. Er kontrolliert die Route. Wird sicher gleich kommen.«

»Bist du einer von seinen Leuten?«

»Ja, ja.«

Er lässt auf sich warten. Und je länger es dauert bis er auftaucht, umso mehr ergreift mich die Panik. Sie werden mich an die Briten ausliefern und dann werde ich wie die Elgin Marbels zurückkehren. Solange ich den Polizeigeneral höre, befinde ich mich noch in Griechenland, kann noch irgendwas passieren, irgendein Protest. In solchen Momenten kann ich nicht anders als ein vorheriges Versprechen des Polizeigenerals glauben, das ich damals als Drohung verstanden hatte.

»Ich habe«, hatte er ernst gesagt, »persönlich mit dem Ministerpräsidenten gesprochen und er lässt dir versichern, dass eine Auslieferung an ein fremdes Land nicht in Frage kommt. Weder in deinem Fall, noch in irgendeinem anderen.«

Ich weiß nicht, inwieweit sein Wort gilt oder ob die Versicherung eines Politikers undementierbar ist, aber da sich nichts anderes am Horizont zeigt, habe ich keine andere Wahl, als diese kleine Hoffnung zu nähren. Auch wenn es so aussieht als sei das einzig Sichere, dass auch die Möglichkeit einer Auslieferung ein Thema geworden ist.

... und das »krankenhäusliche« Umfeld

»Hier bin ich, Savvas, hab keine Angst«, Syros hebt die Kapuze ein wenig an. »Du siehst blass aus.«

Ich bin bleich wie ein Tuch vor Angst. Gehe auf meine letzte Reise, das obere Stockwerk, die Dachterrasse, die Auslieferung, alle haben das gleiche Ende.

»Liegt es sehr hoch, dort, wo wir hingehen?«

»Es liegt hoch, mach dir keine Sorgen, der Ort ist eine Festung.«

Er hat meine Gedankengänge nicht durchschaut.

»Sieht man von dort vielleicht auf die Britische Botschaft?«

Ich habe die Orientierung verloren. Obwohl zwischen dem Evangelismos Krankenhaus und der Britischen Botschaft ein ganzer Block an Gebäuden steht, meine ich, dass sie nebeneinander stehen und das Krankenhaus sogar Richtung Syntagma-Platz zeigt. Die Karten in meinem Kopf sind vollständig durcheinander geraten.

»Hab keine Angst, alles ist unter Kontrolle.«

Er verrät mir weder das Stockwerk, noch die Lage, noch andere Einzelheiten und das ist verdächtig. Je mehr ich beharre, desto unbestimmtere Antworten erhalte ich, bis die Reise losgeht.

»Zuerst lassen wir eine Untersuchung deiner Augen vornehmen. Wir werden dich in einen Apparat schieben und die Tür schließen.«

Na also! Die Reise ist noch nicht losgegangen und schon beginnen die Manöver, ich hab's doch gewusst. Sie werden auch die Tür schließen. Wer weiß, wo ich sein werde, wenn die wieder aufgeht. Wie bei Carlos, der im Sudan einschlief und in Frankreich wieder aufwachte. Die magische Schachtel.

»Ist Stelios hier?«

»Hier, ich bin hier...«

Bisher ist alles so verlaufen, wie sie es angekündigt haben. Eine Computertomographie und dann geht es in das Krankenzimmer.

»Mörder...«, leiert jemand mit rauher, aus dem Bauch kommender Stimme, wie die Wehrdienstleistenden bei der Meldung, wenn sie sich mit Namen und Dienstgrad abquälen.

»Was hat er gesagt?«, frage ich, weil ich schlecht höre und meine »Pfleger« verstanden zu haben, aber der Tonfall hat nicht gepasst.

»Lass nur, kümmere dich nicht drum«, meint Syros mit vertrauenserweckender Stimme, so wie die Verkäufer nachgemachter Markenuhren in den Tavernen. »Überlass das uns, wir werden dich vor all diesen schützen.«

Eine gute Inszenierung würde ich sagen, aber für die Regisseure. Nicht für die, die jemanden angestellt haben, den Sicherheitskäfig um das Krankenhaus zu durchbrechen, um gleichzeitig zu erklären, sie würden mich schützen.

Wir sind im Krankenzimmer angekommen. Sie nehmen mir die Kapuze ab. Nie zuvor habe ich derart strahlendes Licht gesehen, mit so vielen Reflexionen. Nie hätte ich mir vorstellen können, dass Licht so viele Strahlen hat. Ich bin geblendet.

Neben mir gibt es leider keinen anderen Patienten, die Isolation ist die gleiche. Das Zimmer ist voll von Apparaten. Ich bin aus der Intensivstation ausgezogen, aber die ist noch vor mir aus- und hier eingezogen. Sie schließen mich wieder an. Alles das gleiche, unverändert, wie unten. Nur die Sauerstoffmaske wird durch zwei Schläuche in die Nase ersetzt, so dass der Mund frei bleibt. Und die Stricke. Keine Sticke, keine Riemen. Die haben ihre Mission erfüllt.

Zu guter Letzt öffnen sie den Tropf mit den neuen Medikamenten und gehen. Um mich herum wird es langsam dunkel, tausende von Nadeln stechen mich überall am Körper und steigen zum Hals hin auf. Ich brenne. Soeben ist Syros mit Kommissar Giannis eingetreten. Sie sind guter Laune.

»Luft...«, rufe ich. Sie verlieren sofort ihren Schwung und schauen mich versteinert wie Ölgötzen an. Mit mir geht's zu Ende und sie wissen, dass auch sie ihr Steinchen dazu beigetragen haben. Sie hat wirklich die Angst gepackt.

Drei, vier Leute stürzen sich auf mich und wenig später klingen die Symptome ab. Den Grund werde ich nie erfahren.

»Du siehst aus, wie eine Stereoanlage.«

Der Humor und die Verlegenheit von Syros, der wieder hereingekommen ist, um die Lage zu peilen und mich an jede Menge Kabel und Schläuche angeschlossen findet.

Mittwoch 10.
Die Offenbarung

Sonderzimmer
Ich mustere das Zimmer. Nun kann ich Tag und Nacht am Licht auseinanderhalten. Betrachte den Lauf der Strahlen der Morgensonne, versuche, mich zu orientieren. Der Raum ist eisenumzäunt. Türen, Fenster, überall Gitter. Apparate, Kabel, Schläuche, ein genaues Abbild der Intensivstation. Alles gleich, sogar die beiden Schatten-Wächter sitzen mir gegenüber schweigend auf ihren Stühlen. Wann auch immer ich schaue – morgens, Mitternachts – immer sitzen sie da.

Eine Woche ist vergangen, vielleicht sogar mehr und niemand ist vorbeigekommen, um nach mir zu sehen. Isolation. Nichts bewegt sich, alles ist so ruhig, dass ich glaube, man hält den Vorfall mit der Bombe geheim und niemand wird je erfahren, was sich hier abspielt. Ich werde ihren Krallen ausgeliefert sein, bis sie aus mir herausgeholt haben, was sie brauchen. Was übrigbleibt wird weggeworfen und niemals gefunden werden. Wenn ich eine Nachricht aufschnappen könnte... irgendetwas, von draußen...

Es ist Abend geworden. Die übliche Zeit für das Verhör. Gestern, als ich dem Tod quasi von der Schippe gesprungen bin, gab es erstmalig kein Verhör. Heute gibt es keinen Grund für einen Aufschub. Was, wenn irgendwas mit dem Medikamentencocktail schiefgeht, wenn durchsickert, dass ich hier festgehalten und verhört werde, wenn ich nicht durchhalte und sie mich verlieren; sie müssen sich beeilen, damit kein Unglück passiert und sie es nicht rechtzeitig schaffen, das »bunt zusammengewürfelte« Material – so gut sie können – und unbedingt auf einem legal erscheinenden Weg, in eine passende Komposition umzuformen. Dafür braucht es die strenge Überwachung der Verhöre durch das - auch nach Mitternacht – wachsame Auge des Gesetzes. Das sich nicht verspätet, soeben eintrifft.

Ein Vorzeige-Staatsanwalt
»Savvas, ich habe noch eine Überraschung für dich.«

Es ist Syros, der fast Pirouetten drehend hereinkommt, übertrieben freudig, so als hätte er gerade die letzte Rate eines Darlehens abbezahlt.

»Es geht um Giannis«, fährt er fort. »Weißt du, der ist gar kein Kommissar, sondern der Staatsanwalt Diotis.« Lässt sich das Gesagte auf der Zuge zergehen, als äße er Baklava.

»Er wird dir helfen bei allem, was du brauchst.«

Beendet die Vorstellung und verschwindet, wie er gekommen ist. Ich fühle nichts. Weder betrogen noch befriedigt, weder Erleichterung noch Freude noch Bedrückung oder Angst, aber wenn der Polizeigeneral sich freut, ist es wohl etwas Gutes. Ich kann mir keine Konsequenz, weder eine Schlechte noch eine Gute vorstellen, die sich aus der Anwesenheit eines Staatsanwaltes ergäbe. Ich weiß nur sicher, dass die beiden netten Herren des Abends kommen und mir Gesellschaft leisten.

Das akademische Viertelstündchen vergeht bevor er zusammen mit Diotis wiederkommt. Der tritt an mein Bett und reicht mir die Hand.

»Gratuliere«, sagt er ohne jeden Grund, erklärt aber gleich darauf: »Du musst wissen, ich gebe selten jemandem die Hand«, um mit einer Selbstdarstellung fortzufahren.

»Ich bin Staatsanwalt Diotis. Du wirst mich nicht aus den Zeitungen kennen, denn denen habe ich nur ein kleinformatiges Photo aus meiner Studentenzeit gegeben.« Er lacht listig, um seine geschickte Vorsorge zu unterstreichen. »Jetzt habe ich natürlich etwas Bauch angesetzt, aber so, wie du mich hier siehst, war ich in der Armee bei den Sondereinheiten. Du hättest mal sehen sollen, wie ich damals das Netz hochgeklettert bin... Und die Seilbrücken... War der beste Schütze.«

Was das letzte angelangt, so glaube ich, dass es ihm, bei der Entfernung, aus der er auf meinen Kopf zielt, von wenig Nutzen war. Jetzt ist bei seiner Schulbildung angelangt.

»Ich habe auch Bücher außerhalb des Schulkanons studiert. Als Student las ich den Papillon. Ich erinnere mich, dass ich nach dem Essen immer nach Hause rannte, um das Buch zuende zu lesen. Als ich dann den Film gesehen habe... was soll ich dir sagen, ich war enttäuscht, kein Vergleich.« Er kritisiert den Film und die Wahl des Hauptdarstellers. Macht dann mit seiner Karriere als Staatsanwalt weiter.

»Ich bin nach Frankreich gefahren, um Carlos zu verhören. ›Was ist das den für einer‹, habe ich gesagt. Ich habe meinen Hund nach ihm benannt.«

Mir ist nicht klar, ob er den Gegner unterschätzt oder ob er einen Hund hält, um ihn zu schlagen. So eine Art Voodoo. Er kommt zu seinem jüngsten Erfolg.

»Ich bin, musst du wissen, der wesentliche Referent des neuen Antiterrorgesetzes. Das hat sehr viele positive Aspekte. Einer, an den ich mich gut erinnere, weil ich ihn vorgeschlagen habe, betrifft die Frauen der Mitglieder. Die werden sogar dann nicht gerichtlich verfolgt, wenn sie über die Aktivitäten ihrer Männer Bescheid wussten.« Er mustert mich, um meine Reaktion zu sehen. Ich kann nicht mit Sicherheit sagen, ob er mir eine Falle stellt, oder ob er sich mit seinem Talent brüstet. »Ich werde es dir morgen mitbringen, um dir die Artikel einen nach dem anderen zu erklären«, fährt er fort. »Kennst du es? Es ist schon veröffentlicht worden.«

»Das Gesetz, was du mir unten als Kommissar Giannis erklärt hast? Ist es das?« Sage ich spontan und in aller Aufrichtigkeit, aber er bekommt es in den falschen Hals.

»Na gut, na gut, ich bringe es morgen mit.«

Er hat den Punkt so schnell wie möglich abgehakt, um zum eigentlichen Thema zu kommen. Zu seinem Leid all die Jahre, in denen er seinen Posten innehat und zu seiner permanenten Klage über die Organisation.

»Ich kann nicht verstehen, wie ihr das so viele Jahre geschafft habt. Jedes

Mal, wenn ihr einen Anschlag verübt habt, habe ich keinen Bissen runtergekriegt. Ihr habt mich bei Tisch erwischt. Der schlimmste Abend meines Lebens war der Anschlag auf das Haus des Deutschen Botschafters. Kaum war der Fisch aufgetragen, klingelte das Telefon. Ich habe die Rechnung bezahlt und bin mit leerem Magen gegangen. Und dabei war es eine Sonderbestellung. Ich esse keinen Fisch aus dem Atlantik, denn die haben, musst du wissen, Schwermetalle. Und letztendlich habe ich nicht einmal einen Bissen in den Mund stecken können...«

»Ich schulde dir ein Essen, sobald ich kann«, sage ich, ihn tatsächlich bemitleidend, im Versuch, seine Not zu mindern.

»Was nützt mir das jetzt? Das Ding ist, dass ich die ganze Nacht hungrig war.«

Er ist auch noch wählerisch, wir, die wir von Sandwich und Cheese-Pie gelebt haben, was waren wir? Aber wenn ich ihn so im Gegenlicht betrachte und die Körperausmaße sehe, muss es wohl schwierig für die Organisation gewesen sein, ihn nicht bei Tisch zu erwischen.

Und alles bleibt beim alten
Sie ziehen sich ein weiteres Mal zur bekannten Besprechung zurück. Diotis wird vermutlich auch eine Kleinigkeit zu sich nehmen, denke ich. Als sie fertig sind, kehren sie zusammen mit Kommissar Fotis wieder zurück.

»Ist der auch Staatsanwalt?«, frage ich.

»Nein, zwei Staatsanwälte sind nicht erlaubt. Das hier ist Fotis Papageorgiou.«

Er hat schon damit begonnen, mich vor Gesetzesbrüchen zu schützen .Man setzt sich in der üblichen Anordnung um das Bett. Diotis links ans Kopfende – ich verstehe einfach nicht, aus welchem Grund dieser Platz notwendig ist – neben ihm Papageorgiou mit den Unterlagen und Syros rechts für das Verhör. Nichts hat sich geändert. Eine deja-vu Szene wie ich sie schon unzählige Male gesehen habe. Die gleiche, ob nun mit offener Präsenz des Gesetzes oder seiner Maskierung. Nur das man zeitgleich mit der Demaskierung des Transvestiten und des dazugehörigen Staatswesens auch das Licht anschaltet.

Über das Verhör ist der Morgen angebrochen. Mir war all die Tage niemand so unsympathisch wie dieser Papageorgiou. Solange er hier ist, versucht er mich zu packen, attackiert wie eine Viper, schlägt bis zum letzten Moment heimtückisch zu, sogar noch im Abgang.

»Bringt den nicht wieder hierher. Der ist böse.« Meine naive Bitte an die anderen, kaum ist er um die Ecke verschwunden. Ich weiß nicht warum, aber seine Anwesenheit löst bei mir einen unerträglichen Unwillen aus.

Diotis bleibt als letzter. Irgendetwas will er mir sagen. Er holt eine Karte aus seiner Tasche und zeigt sie mir.

»Siehst du das? Was kannst du erkennen?«

»Ich kann überhaupt nichts erkennen. Unscharf nehme ich die Umrisse eines Menschen war, aber in natürlicher Größe, verschwommen und verzerrt, eben so wie aus wenigen Zentimeter Abstand. Er dagegen versucht mir ein fünfzehn bis zwanzig Millimeter großes Passbild zu zeigen.

»Siehst du das Photo?«

»Ja.«

»Das bin ich. Erkennst du mich?«

»Nein.«

»Jetzt tu mal nicht so, als würdest du mich nicht erkennen. Du kannst sehen, ich habe dich doch durchschaut, an der Art, wie du vorher mein Gesicht gemustert hast.«

Tatsächlich hat er sich mir bei seiner Selbstdarstellung irgendwann ganz dicht genähert, um irgendetwas zu Nachdruck zu verleihen. In dem Moment habe ich ihn prüfend angesehen, weil er mich an den Negativhelden eines bestimmten Filmes erinnerte. Bei jeder Gelegenheit wird mein Gehirn von Worten oder Phantasiebildern ergriffen und ziellos hierhin und dorthin gelenkt.

»... die zeige ich dir«, fährt er fort, »weil ich dir morgen einige Photographien mitbringen werde und...« Er erklärt mir Verschiedenes aber mein Denken kreist um den Film. Tief tauche ich in die Geschichte ein, meinen Puls gleichzeitig laut im Raum hörend, wie eine Dampfmaschine, während ich außerdem apathisch einen Tropfen Blut beobachte, der in der Tränenflüssigkeit meines Auges schwimmt.

»... und diese Karte hier, weißt du was das ist?« Er monologisiert und wirft sich schon mal im Voraus in die Brust. »Die ist für freien Eintritt. Ich komme umsonst in alle Theater Griechenlands. Sogar in das von Epidavros.«

– Was direkt neben dem Dorf mit den vielen Tavernen liegt...

Vorsätzlich
Anfang der '90er

Wissen. Seine Verwaltung ist ein Waffe in den Händen jedes Despoten. Seine Weitergabe ist die am teuersten bezahlte Ware; die sich letztendlich glücklicherweise nicht beschränken lässt.

Ich stehe vor dem Anschlagbrett mit den Prüfungsergebnissen. Neben meinem Eintrag eine Notiz mit der Aufforderung, mich im Sekretariat zu melden. Aus bestimmten Gründen habe ich die Prüfungen unter falschem Namen abgelegt. Im Grunde haben alle das Recht zu studieren. Was natürlich nur die ausüben, die, meist Blut schwitzend, die ökonomischen Vorraussetzungen dafür aufbringen können. Ich habe als Student der Schönen Künste begonnen. Aber auch die Naturwissenschaften haben, abgesehen von ihrem praktischen Wert, ihren Reiz.

Ich bin im Polytechnikum, in dem kleinen Hörsaal mit der jüngsten Errungenschaft, den Computern, die begonnen haben, mit Macht in unser Leben einzudringen. Beobachte die Studenten, die Spezialisierung, die Zerstückelung des Wissens. Frage mich, worin sich jemand mit auf die Bedürfnisse des Marktes ausgerichteter Ausbildung von einem Analphabeten unterscheidet, der nur die für sein Überleben notwendigen Kenntnisse besitzt?

Ich verfolge die Lehrmethode, die ihre ausgerichtete Ausbildung als die ideale für den aktiven Konsumenten präsentiert; die bedenkenlos trockene Informationen anhäuft, ohne Interesse für echte Bildung. Welchen Nutzen kann jemand haben, was kann jemand zum Ganzen beitragen, der zwar über breite Kenntnisse verfügt aber einen verdorbenen oder sagen wir brach liegenden Charakter hat?

Ich betrete den Hörsaal, zerstreut um mich blickend. So viele Figuren, so viele verschiedene Welten, so viele Menschen aber ich sehe nur, was zu meiner eigenen Welt passt; nehme nur wahr, was meine eigenen Ansichten bestätigt, und nun sicher, im Vollbesitz der Wahrheit zu sein, errichte ich Mauern, in meiner eigenen Wirklichkeit lebend. Apathisch und abgestumpft lasse ich mich ziellos durch falsche oder unverhältnismäßig aufgeblasene Gefühle leiten, lasse das Unterbewusstsein, das die Welt durch diese Gefühle wahrnimmt, sie leichtfertig zurückweisen oder annehmen und so analog das Denken, das Bewusstsein und die Richtung des Lebens bestimmen.

Wegen eines Dreckteilchens, das vorhin im Wasser schwamm, habe ich den Durst vorgezogen. Und auch die verschmutzte Luft ist oftmals unerträglich. Doch wieviel Abfall landet auf dem Grund der Seele, den die Sinne jeden Augenblick unkontrolliert sammeln; und letztendlich sind sie es, die unser Dasein bestimmen. Wie leicht schwanken wir im Sturmfeuer der Informationen und Bilder, arglose Opfer jeder Intrige. Die Tugenden, die Zivilisation, alles, was in der Antike errungen wurde, ist tot. Was bleibt ist die von jeder Mühe befreite Lässigkeit, die Geschichtsvergessenheit, das spezialisierte Unwissen.

Ist die Universität also der Tempel Athenes? Ein Treffpunkt von Menschen mit gleichen Zielen? Brutstätte gesellschaftlich wertvoller Menschen? Oder ist hier vielleicht der Ort, wo das System sich selbst reproduziert, wo der jugendliche Enthusiasmus gebrochen wird? Denn solange von dem auch nur ein Funken existiert, bleibt auch die Hoffnung und die Aussicht auf Wandel lebendig. Auch wenn der Feind noch so eifrig versucht, jeden Ausweg als unrealistische Utopie erscheinen zu lassen.

Donnerstag 11.
Die Authentizität der Unterschriften Teil 1

Die Wohltäter
Der Tag vergeht langsam. Ruhe. Nur die Augenärzte sind am Morgen kurz vorbeigekommen. Haben ein paar Fremdkörper aus dem Auge entfernt und die Therapie eingeleitet, um die zwanzig Augentropfen. Die beiden Schatten-Wächter sitzen mir gegenüber, auf der Intensivstation, unbeweglich. Es ist bald Mittag. Plötzlich springen sie respektvoll auf. Die Verhörer sind gekommen.

»Was macht die Genesung?«, fragt Diotis.
»Nachdem, was der Polizeigeneral sagt, geht es gut vorwärts.«
»Bravo, sehr gut! Schau«, erklärt er mir in väterlichem Ton, »du sieh mal zu, dass du gesund wirst und überlass alles andere uns. Wir werden dir helfen. Ich habe auch das Gesetz mitgebracht, wie versprochen.«

Er nimmt sich die Papiere vor und beginnt eine langatmige Rede, das Thema so wendend, dass er zu der Schlussfolgerung gelangt, er halte in seinen Händen die größte Errungenschaft der jüngeren Rechtsgeschichte. Und worin liegt dieser Erfolg? In den Milderungsgründen!

»... Die Lebenslänglich... Die Sache ist,«, erklärt er ernst, »dass wir die

Lebenslänglich vermeiden müssen... Aber das wird nicht leicht sein. In erster Instanz werden wir harte Strafen haben. Siebenundzwanzig Jahre ohne eine einzige Festnahme... du verstehst... Und im Berufungsverfahren werden die Strafen nicht wesentlich geringer werden. Nur beim Revisionsgericht besteht Aussicht auf nur ein Lebenslänglich, aber mach dir keine Sorgen, danach gibt es eine Haufen von Gerichtsräten. Ich werde einen Bericht schreiben, das verspreche ich dir, wo drinsteht, ›dass du geholfen hast‹. Und weil alles, was wir hier besprechen, geheim ist, damit nichts schiefgeht – mich ein Auto anfährt und... – wir sind ja nur Menschen, werde ich persönlich und schriftlich den Präsidenten des Obersten Gerichtshofes, den Oberstaatsanwalt, und den Justizminister informieren. Ich werde ihnen schreiben, ›dass du geholfen hast‹. Ich werde auch einen Brief an den Untersuchungsrichter schreiben, in dem steht, ›dass du geholfen hast‹. Und ich werde einen Bericht an den Vorsitzenden Richter des Gerichtes erster Instanz schreiben, in dem stehen wird... das ist natürlich verboten, aber ich werde das inoffiziell tun, in dem stehen wird, ›dass du geholfen hast‹.«

Syos mischt sich ein.

»Du wirst also Hilfe haben, sowohl über dem Tisch, als auch unter dem Tisch, um es mal so zu sagen, verstehst du? Sowohl über dem Tisch, als auch unter dem Tisch.«

»Und wie kommst du an diese Hilfe?« fährt Diotis unerschrocken fort.

»Du musst unterschreiben, die Zeit zum Unterschreiben ist gekommen... eine simple Aussage...«

»Das ist das Einzige, was nötig ist«, fügt Syros hinzu. »Du hilfst dir selbst. Und wir... wie gesagt, sowohl über, als auch unter...«

Diotis übergeht ihn, als hätte er ihn nicht gehört. »... Die du allerdings auch vor Gericht bestätigen musst, damit du in den Genuss auch der informellen Milderungsgründe kommst. So war das auch in Italien...« Während er redet ist er aufgestanden, in Fahrt gekommen. »Da wirst du allen gegenüber aufstehen und sagen: ›DER hat die Beschattung durchgeführt, DER hat das Motorrad gefahren, DER hat den Abzug durchgezogen‹.«

Er hat sich heiß geredet, tänzelt herum wie eine Ballerina und zeigt mit dem Finger nach rechts und links, schwungvoll, auf die verschiedenen Apparate der Intensivstation, als seien es Angeklagte.

»Aber all die Tage habt ihr keinen einzigen gefunden«, sage ich leise.

»Wie dem auch sei«, er verliert den Schwung und setzt sich. »für den

Moment ist das Unterschreiben das Wichtigste und den Rest kannst du uns überlassen. Wir kennen uns aus.«

»Ich habe das Wort »unterschreiben« zusammen mit dem Folgenden angehört und irgendetwas in mir setzt sich zur Wehr.

»Ja, aber... vielleicht sollte... wisst ihr... ich habe gestern Abend drüber nachgedacht... ich meine, vielleicht... wenn es erlaubt ist, natürlich... eh?«

»Was? Sprich, du brauchst dich nicht zu schämen, dafür sind wir doch da, um dir zu helfen.«

»Ich schäme mich ein bisschen... möchte... möchte... möchte euch nicht provozieren, aber... vielleicht sollte... wisst ihr... Rechtsanwalt.«

Meine Seele zittert aber ich habe es ausgesprochen und verstecke mich sofort unter der Bettdecke.

Wie von der Wespe gestochen schnellen sie empor und stürzen sich auf mich.

»Bist du verrückt? Was willst du mit einem Anwalt, die sind die totale Katastrophe, Lügner, Verräter, Nichtsnutze, denken nur an ihre Brieftasche und ihre eigene Haut. Die werden dich in den Fernsehkanälen vermarkten, so gut sie können, jeder wird erfahren, was hier drinnen vor sich gegangen ist« – letzteres ist ihr Problem – »Die werden sich die Aussagen vornehmen und sie Stück für Stück an die Journaille, an die Presse versteigern, bis sie auf Flugblättern kursieren.

Und überhaupt, glaub nicht, dass du einen Rechtsanwalt findest, weißt du, wieviel Geld die Familien der Opfer haben? Die sind alle gut betucht bei der Creme de la Creme. Zu wem du auch gehst, die werden ihn bezahlen und er wird dich im passenden Moment hereinlegen. Wenn du einen Rat hören willst, nicht einmal vor Gericht hast du einen Anwalt nötig.« Hier überlegt Diotis kurz... »Nur am Ende des Prozesses, damit du die Milderungsgründe beantragen kannst«, und wird wieder väterlich. »Hör auf mich, schau du zu, dass du wieder gesund wirst. Überlass alles andere uns. Wir kennen uns aus.«

Einwände

Sie verschwinden eilig, um sich Rat zu holen und kehren nach einiger Zeit zurück. Syros setzt sich an den Tisch, während Diotis es übernimmt, mich auf die protokollierten Verhöre vorzubereiten.

»Ich habe mir überlegt«, beginnt er, »dass uns die Ärzte bevor wir anfangen eine Bestätigung unterschreiben sollten, dass du in der Lage bist, auszusagen. Sie werden also hierher kommen und in deiner Anwesenheit unterschreiben.«

»Und der Chefarzt«, ergänzt Syros, »auch der Chefarzt des gaaanzen Evangelismos Krankenhauses wird unterzeichnen.«

»Wer, der, der auch unten immer gekommen ist? Der Chefarzt des Tzaneio Krankenhauses?«

Er schaut zur Decke um sich zu erinnern und antwortet nach kurzer Zeit lachend und im Ton eines Betrügers. »Wer? Ah, nein, nicht der, nein, der Chefarzt des gesamten Evangelismos Krankenhauses.«

Sie ziehen ab, um die Ärzte zu holen. Ich weiß nicht, ob das gut oder schlecht ist, aber wenn sie es sagen... Sie kennen sich aus.

Es dauert zwei Stunden bis sie allein wiederkommen. Haben keinen finden können. Wahrscheinlich hat man sie diplomatisch abblitzen lassen. Die Beiden breiten ihre Papiere auf dem Tisch aus.

»Kommen die Ärzte und der Chefarzt nicht?«

»Nein, sie kommen nicht.«

»Habt ihr die Bestätigung bekommen?«

»Die braucht es nicht«, meint Diotis. »Die Ärzte sollen ihre Arbeit machen, wir machen unsere.« Und wiederholt den schon bekannten Ratschlag: »Schau du zu, dass du wieder gesund wirst. Überlass alles andere uns. Wir kennen uns aus.«

Sie holen eine Lampe für den Tisch, Stühle, kommen und gehen. Diotis schlägt die Unterlagen auf und monologisiert beinahe singend.

»Die Ärzte... ihre Arbeit... und wir... unsssere eigeneeeee.«

Herein tritt Papageorgiou und mich überläuft es kalt.

»Was will der hier?«

»Der wird die Aussagen niederschreiben.«

»Den will ich nicht hier, der ist böse. Er soll weggehen.«

»Aber die kann doch nicht der Polizeigeneral schreiben, es sind sehr viele. Hast du kein Mitleid mit ihm? Er braucht Hilfe.«

»Ich weiß nicht, bringt jemand anderen. Den hier will ich nicht, der ist ein sehr schlechter Mensch.«

Ich bin störrisch geworden und drehe obendrein noch durch. »Und ich will Alicia sehen, sonst unterschreibe ich gar nichts.«

Sie sind wie versteinert. Murmeln etwas, sammeln hastig ihre Sachen ein und verschwinden.

Wenig später kommt Syros allein zurück.
»Sag mal, in welcher Sprache unterhältst du mit Alicia?«
»Griechisch, warum?«
»Du hast Glück, wir haben sie angerufen und sie kommt in Kürze, aber ihr sprecht nur Griechisch. Laut und deutlich, einer nach dem anderen. Nicht flüstern, ok?«
»Hauptsache sie kommt und ich kann sie sehen, das andere wird sich finden.
»Nein, ihr könnt reden, was ihr wollt, Hauptsache es dreht sich um deine Gesundheit. Sag nur nichts chiffriertes oder irgendwas über alles andere hier drin, weil dann können wir dir später nicht mehr helfen. Das ist geheim. Das weiß niemand, verstehst du? Das darf nicht durchsickern. Und soll ich noch was Wichtiges sagen? Hör auf das, was wir sagen, weil bei dem, was aus dir geworden bist, brauchst du nicht denken, dass du hier rausspazieren und dich in aller Ruhe in irgendein Cafe setzen kannst. Du wirst uns immer brauchen, wieviele Jahre auch vergehen mögen.«
Ich stelle mir mich selbst in irgendeiner Höhle auf einem Berg vor, vom Angesicht der Erde verschwunden. So eine Erniedrigung und die reibt mir auch noch der Chef der Antiterrorpolizei höchstpersönlich unter die Nase. Wieviel Vertrauen muss er in die pharmazeutischen und sonstigen Methoden haben, dass er mich zum Wischlappen degradiert und ich immer noch an seinen Lippen hänge.

Weinendes Lachen
Sie sind gegangen, um Alicia zu holen. Zuerst kommen Syros und Diotis, einer rechts und einer links des Bettes. Sie kommt, ganz in grün gekleidet, wie ein Marsmännchen. Man hat sie in sterile Kleidung gesteckt, so als ginge sie in den Operationssaal, während sie selbst die Intensivstation in ein Kaffeehaus verwandelt haben. Bis sie bei mir ankommt, wird sie pausenlos von beiden bombardiert, die sich darin überbieten zu rühmen, wie gut sie doch sind und wie sehr sie sich um mich kümmern.
»Wie wir gesagt haben, nicht wahr? Nur über deine Gesundheit. Laut und deutlich.«
Ich bin unkonzentriert. Versuche zu lächeln, aber meine Augen machen nicht mit. Sind ins Unendliche gerichtet, weit aufgerissen, so angsterfüllt, dass ich glaube sie erscheinen rechteckig. Keine Iris zu sehen, die hat sich

entfärbt, ist verschwunden und dem eingefrorenen Lächeln entspricht keinerlei Ausdruck. Meine Seele ist sowas von leer!

Alicia ist bei mir angekommen.

»Warum lachst du, wo du doch weinen willst?«

Ich suche ein Gefühl aus der Vergangenheit, um mich daran festzuhalten. Versuche, einen Berührungspunkt zu finden. Verstecke meine rechte Hand unter der Bettdecke, um sie auf die fehlenden Finger vorzubereiten.

»Ich habe fünf Bier bestellt, aber man hat mir nur zwei gebracht«, sage ich und breche in Gelächter aus. Sie schaut mich an, verzweifelt und panisch.

»Sie träufeln dir irgendwelche Pharmazeutika in die Augen, das bist nicht du, was tut ihr ihm an, das ist nicht mein Mann.«

»Das sind nicht seine Augen«, hatte sie sagen wollen, aber der Schock über mein Aussehen ist so stark, dass sie die Worte durcheinanderbringt, die Sätze zusammenfasst.

Alles gerät in Aufruhr, alle reden gleichzeitig, protestieren, während Syros und Diotis versuchen, die Wogen zu glätten, zu retten, was zu retten ist. Ich fahre aufgekratzt fort, ziehe sie am Ärmel.

»Pass auf... meine rechte Hand zählt bis zum Freitag, die linke nur bis Dienstag«, sage ich und lache in mich hinein, wie ein Idiot.

»Was meinst du?«

»Mir fehlen drei Finger. Ich versuche, es dir schonend beizubringen. Nur über die Gesundheit.«

»Ich weiß, macht nichts. Das ist noch das Wenigste, sag mir lieber, was sie dir antun.«

»Sie tun mir gar nichts an. Die beiden netten Herren hier wollen mir helfen.«

»Die?« Nun ist ihr Blick mitleidig.

»Ja, weißt du, das Wort der Polizeigenerals ist wie ein Vertrag. Wenn er was sagt, machen alle Männchen. Er hat mich auch über meine Genesung unterrichtet. Es wird alles bestens. Und was die Finger angeht, so hat er mir die Hand gerettet. Woher weißt du davon?«

Ich bin erstaunt, weil ich davon erst vor kurzem erfahren habe. Auch das war geheim.

»Sie geben dir irgendwelche Pharmazeutika, wir müssen etwas unternehmen, müssen dich hier raus und ein normales Krankenhaus bringen.«

»Nein, ich kriege nur Augentropfen eingeflößt. Mach dir keine Sorgen, in

Kürze komme ich hier raus und dann fahren wir mit dem Polizeigeneral in Urlaub.«

»Siehst du, siehst du?«, wirft Diotis ein. »Sag uns, Savvas, wenn hast du lieber, Stelios oder deine Mutter?«

»Den Stelios. Sobald ich hier rauskomme fahren wir zusammen nach Farsala«, ich denke kurz nach, »Alicia kommt auch mit.«

»Was geht hier drinnen vor, was pumpt ihr ihm in die Venen?« Dies ist im Abgang ihr letzter Aufschrei des kurzen Besuches.

Das Wortgefecht mit Diotis ging auch auf dem Flur weiter, wie ich später erfahren habe.

»Ich werde dich anzeigen, pass gut auf, was du draußen erzählst. Und vergiss nicht, in den USA sehen die Dinge schlimmer aus.«

»Und du vergiss nicht, dass du dich in Griechenland befindest.«

Die Antwort einer Spanierin auf die direkten und indirekten Drohungen eines griechischen Staatsanwaltes.

Bewusstseinsveränderung
Mitte der '90er

Ich schau hinunter auf das ins Unendliche ausgebreitete Athen. Die Stadt des Lichtes, das sie in die Welt hinausgetragen und für sich selbst nicht einmal ein Öllämpchen zurückbehalten hat. Was will ich in einem solchen Getöse, in dem jeder nur seine eigene Stimme hört? Wenn du hier einen Fremden grüßt, bist du verrückt. Wenn du ihn anlächelst, wird er sich misstrauisch fragen, was du von ihm willst. Isolation. Und doch zieht sie eine Menge von Menschen in ihren Strudel. Jeder ist für sich allein gekommen, auf der Suche nach Arbeit. Um ein Stück seines Lebens für ein besseres morgen zu verkaufen. Das allen gemeine Ziel, das eine grenzenlose Stadt erbaut und unproportioniert aufgebläht hat. Eine Gesellschaft, die vom, damals schicksalhaften, wirtschaftlichen Handel geeint wird. Der Warentausch ist die alltäglich Beziehung zwischen den Menschen. Der Wert des Geldes, der unumschränkte Boss, kontrolliert alle; sammelt und zerstreut sie im Einklang mit seinen egoistischen Interessen. Woher speist er, wie erlangt er diese Macht?

Ich laufe in Richtung des Kolonaki Viertels. Die Straßen, die Mauern, in der Stimmung eines misslungenen Volksfestes, sind überflutet von kaltem, unbeweglichen Lächeln. Handzettel, Transparente, Plakate, Megaphone. Wahlen. Wieviel Kampf, wieviel Gewalt um das Bewusstsein einzukesseln. Wieviel verschwendeter Reichtum, um den Willen der Mehrheit zu manipulieren. Die Macht der Bilder, das Fernsehen spielt die führende Rolle. Es dringt in jedes Haus ein und entleert seinen Bodensatz in die Seelen der Menschen. Besänftigt die Empörung, setzt das logische Denken herab, ermuntert die niederen Instinkte, schläfert das kritische Denken ein, bändigt und lenkt den Willen entsprechend der Wünsche und Gelüste des Kapitals, fängt das Denken in seiner Isolation der Sinne. Das Fernsehen. Das »Opium fürs Volk« und die Besitzer der Fernsehkanäle »schlechter Wodka«. Wer kann uns davon erlösen?

Ich lasse mich für einen Kaffee auf der Plateia nieder. Von einem Tisch etwas weiter weg schleudert man immer wieder eindringliche Wortgefechte, unterirdisches Gekicher, brüllendes Gelächter in die Luft. Der Sprachgebrauch lässt auf professionelle Zuhälter oder Schlimmeres schließen. Nie zuvor habe ich eine niederträchtigere, vulgärere Umgehensweise mit den Dingen, dem Leben miterlebt. Ich frage mich, was solche Typen am hellichten Tage umtreibt. Drehe mich um... . bekannte Gesichter. Wahlkampfkandidaten, in einer Diskussion unter der Gürtellinie über Verhältnisse zwischen Parlamentariern und TV-Stars. Der vergängliche Ruhm Arm in Arm mit der Gewalt der Macht; das stärkste Aphrodisiakum.

Ich weiß nicht, welcher der ältere der beiden Berufe ist, erstere fördern die Interessen der Macht, ihr Gewissen skrupellos verkaufend, während die zweiten den Volksauftrag verhuren, die Macht zu Füssen der ökonomischen Oligarchie deponierend, sich aber gleichzeitig selbst feilbietend für die Gegengabe eines sicheren Wahlsieges, einer politischen Karriere.

In wenigen Tagen werden uns gutangezogene Gestalten aus Bildschirmen heraus oder von Balkonen herab um unsere Stimme bitten. In ihren Händen weißes Papier haltend, unterschriebene Verträge, deren Bedingungen sie selbst festlegen. Sie beschließen an unserer Stelle, verabschieden Gesetze, treffen Übereinkünfte, unterzeichnen Verträge. Was immer ihre Sponsoren günstig stimmt, was immer ihre Herren fordern. Die werden, so sagen sie uns, investieren. Werden ihr Kapital für das Gemeinwohl riskieren. Außer wenn dieses... aufhört mit ihrem persönlichen Intcresse übereinzustimmen. Außer wenn die Geschäftsaussichten für das Wohl des anonymen Kapitals anderes gebieten.

Dann wird es allerdings zu spät sein.

Ich bin der Souverän meiner Stimme und die macht die Runde und setzt sich mir ins Genick. Jede Anspruch, jeder Versuch einer Änderung außerhalb der Grenzen, die sie uns aufzwingen, sieht sich mit der Gewalt des Staates und der Justiz konfrontiert. Ist illegal, ein Missbrauch, eine Überschreitung des Strafgesetzes.

Die Wahlen sind frei.

Und gerecht.

Aber, wie jemand mal gesagt hat, »wenn sie etwas ändern könnten, wären sie längst verboten«.

Donnerstag 11.
Die Authentizität der Unterschriften Teil 2

Der Patron der Patrone
»... wo wir in armseligen Verhältnissen... armseligen... Ver-hält-nis-sen...« Das ist Diotis, der, die Hände hinter dem Rücken verschränkt auf der Intensivstation auf und ab läuft und seit geraumer Zeit Syros die Aussagen der Voruntersuchung diktiert. Sie sind ohne Papageorgiou gekommen. Kaum eingetroffen, hat Diotis die Unterlagen aufgeschlagen und erläutert, was alles in eine Aussage hineingehört.

»Ich habe mir gedacht...«, meinte er unter Zuhilfenahme eines Notizzettels, »dass deine Aussage auf folgenden Teilen bestehen sollte«. Hebt die Notizen hoch und liest ab:

»Im ersten Teil bringen wir einen kurzen Lebenslauf unter, in dem eine problematische Kindheit und in Folge ein Leben in ärmlichen Verhältnissen beschrieben werden. Im zweiten Teil kommt dein Eintritt in die Organisation, zunächst aus ideologischen Gründen, aber später wird dir deren Ausweglosigkeit klar und du versuchst auszusteigen. Im dritten Teil werden Vorkommnisse mit Drohungen der Organisation, damit du nicht aussteigst, beschrieben. Es folgt der vierte Teil mit den Methoden und Orten der Ausbildung. Im fünften Teil schreiben wir, dass du Befehle ausgeführt, aber keine Entscheidungen getroffen hast, um zu zeigen, dass du verleitet worden bist.

»Denn dich, mein guter Savvas, haben die anderen reingezogen, du bist das Opfer der Organisation, man hat dich ideologisch, politisch und ökonomisch ausgenutzt«, fügt Syros hinzu.

»Sechstens«, fährt Diotis fort, erfreut über das Verständnis, »werden wir ein Mitglied benennen müssen, damit deine Reue aufrichtig klingt und wir die Milderungsgründe beantragen können. Im siebten Teil werden, um alles vorherige zu stützen, die Missbilligung, das Eingeständnis der Ausweglosigkeit und die Verurteilung stehen. Und im achten und wichtigsten Teil können wir dann die Milderungsgründe des Gesetzes für uns und unsere Angehörigen beantragen, wobei wir unbedingt unserem vollsten Vertrauen in die griechische Gerichtsbarkeit Ausdruck geben.«

Ein Entwurf, der vielen Zielen dient, darunter dem vorrangigen der Anfertigung eines meisterhaften Profils schlechter Gesinnung und niedriger Beweggründe. Ein Machwerk, dass ich nicht mehr in Erinnerung hätte, wenn seine Vorgaben nicht von den Medien schändlich ausgebeutet worden wäre, was ja ohnehin von vornherein sein Zweck gewesen ist.

... und das Ungetüm

Diesem Entwurf folgt er nun und diktiert Syros, immer wieder die Listen und andere Notizen zu Rat ziehend. Auch er hatte mich scheinbar beiläufig über mein Leben befragt, während er sich selbst vorgestellt hatte. Einiges davon, glaube ich, hat er sich notiert. Als ich ihm aber erzählte, dass ich mit siebenundzwanzig Jahren eine Werkstatt für Ikonenmalerei im Kolonaki Viertel besaß und dass ich für kurze Zeit als Schüler des Malers Giannis Tsarouchis gearbeitet hatte, war sein Interesse erloschen. Seine Notizen dienten offensichtlich nur dem Sammeln von Indizien, die für die Beschreibung einer elenden und armseligen Vergangenheit geeignet sind.

Die Zeit vergeht und er ist bei den Anschlägen angekommen.

»Lass mal sehen... Siebzehnter Siebter im Jahre... zehn Uhr am Tag... also, schreib... Ungefähr Mitte Juli... Juli...«

»Und um zehn Uhr morgens...«, ergänzt Syros, im Bestreben, das Verfahren zu beschleunigen.

»Nicht so«, greift Diotis ein, »gegen zehn Uhr morgens... wenn ich mich richtig erinnere... richtig... erinnere...«

Für eine Weile schreibt Syros schweigend aber dann hält er es nicht mehr aus und schaltet sich wieder ein, »... in Gemeinschaft und Tateinheit«, er hat es eilig. Unterbricht den Gedankengang von Diotis und bringt ihn auf die Palme.

»Nein... redet Savvas etwa so? Sag mal«, wendet er sich an mich, »welche Schuldbildung hast du?«

»Ich? Gymnasium, warum?«

»Gut... Also dann...«, er korrigiert, »sind wir viele Male... viele... Male... zusammen mit...«, er hält ein und sucht in den Unterlagen.

Das Hin und Her dauert bis um Mitternacht. Ich versinke in meinen eigenen Gedanken. Zwei nette Menschen, die mir bis spät in die Nacht Gesellschaft leisten. Ich habe auch Alicia gesehen, die sich glaube ich auch gefreut hat zu sehen, dass es mir gut geht. Immer besser. Ich werde die Papiere unterschreiben, die helfen werden...

»Unterschreib nicht, Savvaaaaa...«, höre ich eine Stimme aber sehr weit weg.

Ich werde den Polizeigeneral fragen, was immer er mir sagt... der kennt sich aus. Warum hat sich Alicia mit ihm gestritten? Sieht sie nicht, dass das falsch ist? Sie zieht mir den Teppich unter den Füssen weg. Ich habe das danach ausbaden müssen. Nicht auszudenken, wenn sie mich hier allein zurücklassen und verschwinden. Was soll dann werden, wer wird mir dann helfen? Was sie getan hat, war nicht anständig. Das nächste Mal wenn sie kommt, werde ich ihr sagen, dass sie nicht so barsch mit ihnen reden soll. Wenn sie sich noch entschuldigt, dann wird alles so sein wie vorher.

Das Gesetz über alles

»Und nun, wie versprochen, haben wir Photographien mitgebracht.«

Es ist das zweite Versprechen, das sie einhalten. Das erste war, mir das Terrorgesetz zu zeigen.

»Einen Moment, lass uns helfen, dich aufzusetzen.«

»Sollen wir die Schwester rufen?«

»Nein, das ist verboten, bevor wir fertig sind, ich werde das schon allein schaffen.« Der Staatsanwalt hält sich streng an die Vorschriften. Mit viel Mühe entdeckt er die Handkurbel.

Sie bringen eine dicke Lupe, starke Lampen und die Photographien. Das Album sieht aus wie aus Barockzeiten. Die Darbietung persönlicher Momente aus dem Leben eines Polizeigenerals nach Mitternacht ruft entsprechende Gefühle und Assoziationen hervor, die wie es scheint auch meine Wahrnehmung entsprechend formen. Die abgebildeten Gesichter haben etwas romantisches. Ich muss lachen.

»Erkennst du die?« sie schauen sich erfreut an.

»Nein, wie kann das sein?...« Mir ist, als erkenne ich Frisuren aus den Dreißigern auf Photographien der damaligen Zeit. Wenn diese Leute noch leben, dann sind sie jetzt über hundert.

Sie schlucken das. Machen weiter.

»Mmm?... mm?...«, fragt Syros immer wenn er sich seines Erfolges sicher ist. Und immer wieder fragt er: »Nun?«

»Ich kann gar nichts erkennen, nur einen schwarzen Schatten.«

Es geht um eine kleine Photographie, die er hütet, wie seinen Augapfel.

»Wie, du kannst nichts erkennen?«, schreit er. »Das sind seine Haare. Sagt dir sein Gesicht gar nichts?«

Was soll es mir schon sagen? In der Größe sieht für mich alles gleich aus. Sie beginnen ihre Sachen einzusammeln.

»Es ist zwei Uhr nachts«, sagt Diotis, »aber wir waren ohnehin schon früher fertig. Schreiben wir also zwölf, das kommt aufs Gleiche raus.«

Syros notiert die Uhrzeit.

»Guuut..«, fährt Diotis fort, »für heute sind wir fertig. Nun musst du noch Seite für Seite unterschreiben.«

Während ich noch aufrecht sitze, legt er mir einen dicken Aktenordner auf die Beine und drückt mir einen Stift in die Hand.

»Ich habe noch nie mit links unterschrieben.«

»Macht nichts, mach einfach ein ›S‹.«

»Gut, aber ich kann nicht sehen, wohin ich es schreiben soll.«

»Überlass das uns, wir werden dir die Hand an führen.«

»Aber ich weiß nicht, ob der Platz reicht...«

»Sind wir nicht hier, um dir zu helfen? Wir werden dir sagen, ob viel oder wenig Platz da ist und ob du ein großes oder ein kleines ›S‹ machen sollst.«

»Und warum schreibt ihr es nicht selbst hin, damit wir uns nicht plagen?«

»Ah, Neieiein. Das ist verboten. Das ist illegal, neieiein. Das wäre... Urkundenfälschung!«

Zimmer 1031
12. Juli und später

Die Intensivstation oben. Aus der Finsternis mit den aufsteigenden Gasen in den Raum mit den umherwandernden Schatten. Sie haben mich aus dem dritten Stock hierher gebracht, wann und ob ich hier rauskomme, weiß ich nicht. Die Tage vergehen langsam. Ich bin so gut wie gelähmt, selbst wenn es die Verbrennungen erlauben würden, könnte ich mich nicht einmal selbst umdrehen. Wie aus einem tiefen Brunnen heraus fühle ich die Gestalten an mir vorüberziehen; ein Schraubstock hält mein Gehirn, meine Augen eingezwängt und verdeckt. Leute kommen und gehen, arbeiten von mir unbemerkt Tag und Nacht; ziehen vor mir vorüber, jeder spielt seine Rolle und verschwindet.

Zersplitterte Bilder, Szenen, die sich auf einer Intensivstation abspielen, tragikkomische und andere, Geschichten, die sich um mich herum zusammendrängen in einem unkoordinierten Tanz, in dem jeder Darsteller seine eigenen Sorgen hat.

– »Klatsch, ratsch...« Eh, verdammt... ich habe mich schmutzig gemacht!« Klatsch! Ratsch, klatsch! Ein Wächter, der seine Kleider auf der Intensivstation ausklopft.

– »Du sieh mal zu, dass du gesund wirst und überlass alles andere uns.« Die Verhörer zu jeder passenden und unpassenden Gelegenheit.

– »Nimm dir einen Anwalt...« Meine Mutter beim kürzesten aller Besuche, bevor sie aus dem Raum geschleift wird.

– »Ich habe mir gedacht...« Staatsanwalt Diotis, wenn er mit konkreten Anweisungen ausgestattet eintritt.

– »Wir haben eine Netzhautablösung. Ein großes Problem. Und du bist nicht in der Verfassung, dass man dich operieren könnte.« Der Augenarzt nach der ersten, die ganze Nacht andauernden Verhörrunde.

– »Also, schauen wir mal: Puls 65... Nicht bewegen, er ist auf 110 heraufgeschnellt, warte... 100... 95... er sinkt, fein, wir schreiben mal 90.« Man überträgt die Anzeige des Monitors in das Krankenblatt.

– »Wenn es sein muss, bringen wir dich sogar nach England.« Ein Arzt auf der Intensivstation. Welch ein Zufall! Wahrscheinlich hat er das irgendwo gehört.

– »Siehst du, wie schnell wir dich ins staatliche Krankenhaus gebracht haben? Sogar einen Hubschrauber haben wir über dir kreisen lassen. Das beste Krankenhaus für Augenoperationen.« Syros, als ich an alle Apparate der Intensivstation angeschlossen in eine anderes Krankenhaus verlegt wurde.

– »Was geschehen ist, ist geschehen, es reicht, hör nicht auf die. Sieh zu, was du jetzt machst, nimm dir einen Anwalt.« Mein Vater bei seinem ersten Besuch auf der Intensivstation oben.

– »Als ich das erste Mal hier war um dich zu sehen, war etwas ganz komisch. Deine Stimme hatte Aussetzer, wie ein Mobiltelefon, das den Empfang verliert.« Einer meiner Brüder. Ich erinnere mich nicht an den Besuch. Und an was noch alles...

– »Du Glücklicher. Sogar die Medikamente kommen aus den USA, direkt, mit deinem Namen drauf.« Eine Krankenschwester.

– »Die legen mich rein, ich will einen Anwalt.« Ich zu meinem Vater, als man mir Auszüge, wahrscheinlich aus den Aussagen vorgelesen hat und darin sogar Phrasen aus dem Strafgesetzbuch standen.

– »Bin ich Patient oder Gefangener?« Immer wieder brause ich auf wegen zweitrangiger bis lächerlicher Dinge, wie der ständig geschlossenen Vorhänge.

– »Ich habe mir gedacht«, so Diotis, »wir schreiben, dass deine Aussage auf einen anderen Tag verlegt wird. Kannst du hier unterschreiben.«

»Wo das doch nur drei oder vier Zeilen sind, warum soll ich dann so viel Papier unterschreiben?«

»Weil der Polizeigeneral eine große Schrift hat.«

Ich habe das geglaubt. Wenn du das Gesetz auf deiner Seite hast, ist alles ganz einfach. Wie einen blinden Losverkäufer bestehlen.

– »Was soll ich dir sagen, was ich auf der Intensivstation unten gesehen habe.« Ich zu Alicia, über einige der Wahnvorstellungen. Syros und Diotis, die mithören, sind verwirrt.

– »Diese Brille ist zum Lesen und die andere zum Fernsehen.«

»Aber ich kann überhaupt nichts sehen.«

»Du wirst sehen, du wirst sehen.« Die Prophezeiung des Optikers.

– »Savvas, die beiden Polizeibeamten hier sind gekommen, um dich zu verhaften. Eine reine Formalität, du weißt schon... die Bürokratie.« Es hat vierzig Tage gebraucht, bis sie mich gefunden haben. Vielleicht war es schwierig.

– »Mein Anwalt hat mir gesagt, dass ich das Recht habe, die Prozessakten einzusehen.« Zum Untersuchungsrichter L. Zervobeakos, als der das erste Mal ins Krankenzimmer kommt, um mir die Anklage mitzuteilen.

»Willst du das hier?«, bietet er mir die Anklageschrift an.

»Ja.« Woher sollte ich den Unterschied wissen?

– »Herr Diotis hat mir das Geheimnis anvertraut, dass ›du geholfen hast‹. Wenn dir irgendetwas einfällt und sei es um Mitternacht, lass mich rufen.« Oberstaatsanwalt Karoutsos.

– »Für mich siehst du blendend aus. Du kannst hören und sehen.« Das Gutachten des Untersuchungsrichters L. Zervobeakos als ich ihm fürs Protokoll mitteile, dass ich Gesundheitsprobleme habe und die Prozessakten nicht kenne.

– »Ich habe mich mit deinem Anwalt abgesprochen, heute Mittag, wenn du dich ausruhst, bringen wir ihm schnell die Prozessakten.« Der Untersuchungsrichter.

Morgens vier Stunden Verhör, zwischendurch Krankenbehandlung, zwei Stunden Unterbrechung am Mittag zum Ausruhen und Behandlung und drei weitere Verhör am Nachmittag, damit der Untersuchungsrichter seine Arbeit beenden kann. Was die Prozessakten angeht, zwanzigtausend Seiten brauchen allein um kopiert zu werden mindestens drei Arbeitstage.

»Hast du die Prozessunterlagen bekommen?« Ich zu meinem Anwalt.

»Nein, der Photokopierer ist kaputt gegangen.«

– »Ich habe rausgefunden, wie ich unterscheiden kann, ob das, was ich sehe, ein Traum ist oder nicht. Wenn ich es klar sehe, ist es sicherlich ein Traum, wenn ich undeutliche Schatten sehe, wie jetzt, begreife ich, dass ich nicht träume.« Ich zu Alicia.

– »Du hast eine hartnäckige Bakterieninfektion an der Hand. Wenn die ins Blut wandert, kriegst du eine Blutvergiftung, wir können gar nichts machen.« Der Arzt.

– »Murmel, murmel... besonders gefährlich... murmel... Fluchtgefahr... murmel, murmel...« Staatsanwalt Karoutsos, der meine Untersuchungshaft anordnet, während ich ihn inmitten des Getöses, blind auf der Intensivstation höre, ohne dass er selbst weiß, ob ich überhaupt überleben werde.

– »Doktor, die Augenärzte haben mir, als ich die Netzhautablösung am rechten Auge hatte, gesagt, dass mein linkes so gut wie vollständig wieder herzustellen ist.«

»Soviel ich unabhängig von jeder Sehschärfe weiß, ist das linke Auge von grauem Star betroffen, während im rechten jede Menge Fremdkörper eingeschlossen sind.«

»Das weiß ich zufällig seit den ersten Tage, Doktor; durch das rechte Auge habe ich einen hellen Strahl durch die Pupille und einige andere von anderswo her wahrnehmen können, während ich durch das linke nichts als eine trübe, zerfurchte Fläche gesehen habe. Später allerdings... Doktor... Doktor, hören Sie mich?« Er verschwindet hastig, seine Arbeit im Stich lassend, um sich nicht von mir Dinge anhören zu müssen, die ich für völlig natürlich hielt.

– »Ich habe Ihnen einige Unannehmlichkeiten in den ersten Tagen auf der Intensivstation unten bereitet.« Ich an einem anderen Tag zu einer Krankenschwester.

»Nicht doch, mach dir deswegen keine Sorgen, du warst vergleichsweise sehr ruhig.«

– »Sag mal Savvas, wir Ärzte haben wenig Gelegenheit, mit jemandem zu sprechen, der eine derart schwierige Situation hinter sich hat, sag mir, erinnerst du dich an irgendetwas, etwas Bemerkenswertes aus den ersten Tagen auf der Station?«

»Was mich beeindruckt hat, waren die bunten Würfel...« Tatsächlich erschien mir das als das wichtigste und bemerkenswerteste Ereignis.

– »Ehrlich, auf der Intensivstation bist du aus allen Wolken gefallen.« Wächter der Antiterrorpolizei.

– »Wie dem auch sei, ich habe gesehen, wie die Ärzte bis zuletzt angestrengt alles versucht haben, um deine Hand zu retten.« Derselbe Wächter.

»Vorher haben sie dir natürlich mindesten fünf Mal Fingerabdrücke genommen.« Ein anderer Wächter.

– »Sag mal, ein ausgewachsener Mann wie du, warum hast du dich gefürchtet, vor was hast du Angst gehabt?« Ein Abgesandter von Syros, der nachforscht, an was ich mich erinnere.

»Ich hatte Angst, er hat mit dem Finger geschnippt und ich hatte Angst.« Ich habe den Eindruck, dass ich die Angst absolut begründe. Für mich ist es selbstverständlich, was das Fingerschnippen bedeutete und was darauf folgte. Alles scheint mir einerlei. Die Bewertung, die Einordnung, die Aufteilung in Reales und Wahnvorstellung braucht Zeit; erfordert Denken, Konzentration, Logik, Fähigkeit zur Bewertung und die werden erst mit der Zeit erwachen – gesetzt den Fall, es gibt eine Rückkehr.

– Ein Wächter Ende August: »Was glaubst du wohl? Draußen ist die Hölle los, die Journalisten haben Zelte aufgeschlagen... das reinste Chaos.«
Vom ersten Moment an habe ich angespannt darauf gewartet, derartiges zu hören, damit vielleicht das Gefühl der Isolation schwindet, ich mir nicht mehr so alleingelassen vorkomme. Endlich wird jemand erfahren...
– »Savvas...«, ein anderer Wächter an einem anderen Tag, »wünschst du dir, dass du mit einem Strich alles aus jenen Jahren auslöschen könntest?«
Dieser Gedanke macht mich wütend, sobald ich verstehe, woher er kommt und was er bedeutet. Er entzündet den ersten Funken und mein Gehirn beginnt langsam den Kampf, den entgegengesetzten Weg einzuschlagen. Die Antwort formt sich Tage später.
»Es kommt nicht in Frage, dass ich mein Leben auf den Müll werfe.«
Als letzter im Reigen erscheint der Zeremonienmeister der Medikation, die unauffällige Zofe, die lange Hand hinter dem Wandschirm der Intensivstation. Trägt einen sündhaft teuren Anzug. Wie unpassend muss sich ein Arztkittel darauf ausnehmen! Er schreitet mit der Sicherheit des Wissens um die eigene Bedeutung und Überlegenheit. Alle machen ihm ängstlich Platz und wenn er spricht breitet sich rundherum tödliche Stille aus.
Er kommt zu mir, stellt sich vor. Es ist der letzte Tag im August, meine Verlegung wird vorbereitet. Ich mustere ihn so gut ich kann, zweifelnd.
»Ohne Arztkittel erkenne ich Sie nicht wieder.«
Er schaut mich fast verlegen an. Weiß, was er getan hat und legt das wohl als Anspielung aus. Tut so, als untersuche er meine amputierte Hand und beendet hastig im Fortgehen das Gespräch, um das letzte Wort zu haben.
»Wir haben dir die Hand gerettet...«

Verwüstetes Land
Sommer 2001

Soviele Menschen auf der Welt können nur auf eine Katastrophe, einen Zusammenbruch hoffen, damit sich ihr Leben verändert, verbessert.
Sudan, ein reiches Land. Und wie in allen Ländern der Dritten Welt sind seine Bewohner bettelarm. Eines der ungefähr zehn Länder der Welt unter Embargo, damit der Westen es seinen eigenen ökonomischen Bedingungen unterwerfen kann. Was die Einheimischen des Landes wie allgemein des gesamten afrikanischen Kontinentes angeht, so wurden Studien erarbeitet,

nach denen diese von Hunger, Krankheiten und Bürgerkriegen ausgerottet werden.

El Obeid. Eben war der Kleine von Hotel hier und hat einen Kanister kaltes Wasser für das Bad gebracht. Zusammen mit Alicia bin ich auf dem Weg nach Darfur südlich von Sudan. Man hat uns gesagt, dort seien die Menschen glücklich, weil es regne und die Erde grasgrün sei. Aber die Zeit reichte nicht. So sind wir bis zu dieser Stadt gelangt, auf der Hälfte des Weges und wie jeden Morgen bereiten wir uns auf einen Streifzug durch ihre Straßen vor.

Unserer Schritte haben uns zu einem kleinen speziellen Krankenhaus geführt. Das Personal hat sich der Linderung des Leides der Mitmenschen gewidmet und die Patienten sind kleine Kinder, wie wir sie seit Jahren aus dem nahen Biafra kennen. Wir sind an diesem Punkt angelangt, erklärt uns der Arzt, nach aufeinanderfolgenden Krankheiten, die wegen des Mangels an Medikamenten nicht rechtzeitig hatten behandelt werden können. Er zeigt uns ein Kind, das langsam und eingehend einen Keks betrachtet. Nach vieltägiger Anstrengung hat es begonnen, Interesse für Nahrung zu zeigen. Ich sehe mich um und bin verlegen, schäme mich fast, weil ich allein soviel wiege, wie all diese Kinder zusammen.

Wir gehen. Ein wenig weiter unten verwickelt uns jemand in ein Gespräch. Erzählt eine Geschichte.

»Vor wenigen Jahren, als im Nachbarland Kenia ihre Botschaft in die Luft gesprengt wurde, nahmen die Amerikaner das zum Vorwand und fielen angeblich als Vergeltung mit der Luftwaffe über unser Land her. Was sie bombardierten und dem Erdboden gleichmachten, war unsere Fabrik in Khartoum, wo regionale Medikamente hergestellt wurden, billiger als ihre. Sie bezahlten eine kleine Entschädigung und das Werk konnte nicht wieder aufgebaut werden. Eine Art Zwangsvertrag, genau wie sie es im Wilden Westen gemacht haben und noch heute machen.« Sprachs und ging weiter.

Wir sind an einem mobilen Cafe am Ende des Lehmweges nahe des Marktes angekommen. Ein kleines Kohlebecken, eine Kiste mit dem Nötigsten, die gleichzeitig als Tischchen dient und die kleinen Hocker, auf die wir uns setzen. Die Frau, die uns den Kaffee zubereitet, lädt uns später zum Essen ein. Auch der Besitzer des Laden mit den traditionellen Handarbeiten, vor einigen Tagen, hatte darauf bestanden, dass wir zu ihm nach Hause kommen und einen richtigen Ausflug mit einem Lastwagen aufs Land organisiert. Bevor wir herfuhren, hatten wir irgendwo gehört, dass der Tourismus verboten wurde, weil er aufgrund der Gastfreundlichkeit dem Land wirtschaftlichen Schaden einbringe, das aber damals für übertrieben gehalten. Was wir nun erleben ist, dass wir in jeder Straße, aus jedem Haus eingeladen werden und sei es auf ein Glas Wasser.

Wie kann es sein, frage ich mich, dass jemand an einen solchen Ort kommt, mit dem einzigen Ziel, ihn auszubeuten? Den Frieden der Menschen zu stören, ihre Beziehung zur Natur, zum Nachbarn. Sie verätzen zu wollen, sie zu dem zu machen, was er selbst ist, habgierig, Menschhasser und sie zu guter Letzt in Bürgerkriege zu stürzen, damit er selbst die unmittelbare Fehde vermeidet.

Allein im Sudan hat es zweier blutiger Aufstände bedurft, um das Joch der Britischen Kolonisation abzuwerfen. Und wie viele andere gab und gibt es noch immer, die ganz Afrika in die Knie zwingen mit Millionen von Toten. Um in vielen Fällen durch die Quislinge, die Pinochets, die Iyad Alawis dieser Welt ersetzt zu werden. Oder um einer Wirtschaftsblockade ausgesetzt zu werden, bis sie die Form ihrer Herrschaftsausübung so anpassen, dass sie besser den Interessen des habgierigen Westens dient. Hier ist der Feind getarnt oder nicht anwesend. Er kommt nur, um die Lunte zu zünden und verschwindet wieder. In unserem Land ist er dauerhaft präsent.

Nach meiner Heimkehr wird mich eine Menge Arbeit erwarten.

Sonntag 1.
Der Herbst ist gekommen

Entlassung
Sie packen meine Sachen. Meine Habe ein paar ausgetragenen Kleidungstücke und als Reisetasche eine Mülltüte, die mir das Krankenhaus gestiftet hat. Morgen verlasse ich das Evangelismos Krankenhaus.

Ich sehe nur trüb und verzerrt, durch einen Riss, nur auf dem rechten Auge, vier Operationen stehen noch aus, ich werde dieses Auge wieder verlieren, drei Monate später, im Gefängnis, zwei weitere Operationen werden vorgenommen werden müssen, aber das ist egal.

Ich höre fast nichts, das linke wurde einmal operiert, eine Operation auf dem rechten Ohr steht noch aus, genau wie eine zweite auf dem linken, weil ich das Transplantat sechs Monate später, im Gefängnis verlieren werde, aber das ist egal.

Ich habe fünfundzwanzig Kilo durch die Psychopharmaka und die Behandlung verloren, meine Muskeln beben und zittern, ich werde noch jahrelang wie ein Drogensüchtiger laufen, aber das ist egal.

Die eine Hälfte leidet an Bluthochdruck und die andere Hälfte an orthostatischer Hypotonie, mit niedrigem Puls in einem und Herzrasen im nächsten Moment, wie ich herausfinden werde, wenn die Symptome im Gefängnis stärker werden, aber das ist egal.

Ich habe drei horizontale, große Schnitte auf der Brust, vielleicht aus einer unbekannten, nirgends dokumentierten Operation, aber das ist egal.

Ich leide an Asthma, - das hatte ich schon vorher – und komme in eine spezielle Isolation, aber das ist egal.

Ich habe drei Finger verloren, aber das ist egal.

Ich habe drei Schienen außen an der Hand, innen fehlen welche, drei Operationen stehen allein deswegen noch aus, aber das ist egal.

Meine Rippen sind gebrochen, das werde ich zwei Jahre später rausfinden, ich habe permanente Schmerzen im Brustkorb, aber das ist egal.

Mein Schädel war gebrochen, von oben bis nach hinten, man hat ihn schief zusammengefügt, werde ich ein Jahr später herausfinden, aber das ist egal.

Ich habe ein Angiom im Gehirn und Klammern in der Schädeldecke, von einem unbekannten operativen Eingriff, wie ich dreieinhalb Jahre später herausfinden werde, aber das ist egal.

Ich leide an verringertem Durchfluss der rechten Halsschlagader, die auf ein Aneurysma im Gehirn schließen lässt, vier Jahre später wird das immer noch nicht untersucht worden sein, aber das ist egal.

Ich habe permanent Kopfschmerzen, Schwindelgefühle und höre ständig Pfeifen und Brausen, das wird mich mein Leben lang quälen, aber das ist egal.

Ich habe mir Hepatitis zugezogen, durch die Bluttransfusionen, aber das ist egal.

Aus der sterilen Intensivstation komme ich in eine unterirdische Toilettenzelle, in die immer wieder das Abwasser hochgedrückt wird, aber das ist egal.

Und ich bin suggestibel. Und das ist nicht egal.

Wer einer Vielzahl pharmazeutischer – und anderer – Verhörmethoden unterworfen wurde, wer jede ihm vom Gegenüber zugedachte Rolle annimmt, ohne die Fähigkeit zu zweifeln, zur Eigeninitiative, zum Nachdenken oder Denken, der ist suggestibel.

Ein psychisch toter Mensch. Eine unpersönliche Persönlichkeit, ein unbeständiger Charakter, ein ANDERER Mensch. Das ist nicht egal.

Montag 2.
Das Ende einer Epoche

September 2002
Nach fünfundsechzig Tagen Intensivstation wandere ich in meine Zelle. Vor kurzem hat der Triumphzug begonnen. Mit Pauken und Trompeten verkünden die Fernsehsender die Allmacht des Kaisers. Dutzende Kameralinsen verfolgen die Beute und bereiten Ruten und Asche für den Spießrutenlauf vor. Die Leute auf den Bürgersteigen warten gezwungenermaßen ab bis die Prozession vorbeizieht, um dann eilig und eingeschüchtert an die Arbeit zu gehen.

»Nun, wo der 17. November gefasst wurde...«

Die Stimme des Ansagers vor wenigen Tagen, die mich noch immer zerrisst.

Es gab einmal eine Organisation... jetzt... werde ich ganz langsam aus dem Auto steigen, so heftig auch meine Glieder vor Erschöpfung, von der Folter zittern, werde nicht um Hilfe bitten, nicht schwanken, nicht stolpern. Ich muss aufrecht bleiben.

Durch den Sinn geht mir ein Lied. Ich habe es vor zehn Tagen gehört, als ich zum ersten Mal das Radio anstellte. Es hatte zuerst eine Pause gemacht, so als ob es warte, das es ruhig werde, das ganze Viertel zuhöre.

Und dann die nostalgische und hoffnungsbringende Stimme von Manos Loizos:

»Dieser Tag ist nicht fern
Mein gehetzter Vogel
Dich hat irgendwann der Sonnenuntergang genommen
Der Sonnenaufgang bringt dich zurück...«

Ein Ende, ein neuer Anfang, der Sonnenaufgang, der auf den Sonnenuntergang folgt. Das Martyrium und der Tod, die Morgenröte und Licht bringen. Alles beginnt und endet dort, in der Tiefe des Himmels. An einem tiefroten Horizont.

Nachwort

Was, von all dem was wir sagen und denken, stammt wirklich von uns, wann geben wir tatsächlich unserem eigenen Willen Ausdruck, was tun oder formulieren wir bewusst oder zumindest ohne Oberflächlichkeit, welche unserer Aktionen entspringen nicht aufoktroyierten Vorstellungen sondern unserer eigenen Erarbeitung, wann sind wir aufrichtig und wann sagen oder akzeptieren wir etwas, weil es unseren Interessen dient, selbst wenn unser Gewissen mahnt, was vertreten wir, weil es in Mode ist und damit man uns nicht ausgrenzt und was verbreiten wir aus Prahlerei, um uns von anderen zu unterscheiden?

In eine allgemein akzeptierte Art zu Denken eingeschlossen bewegen wir uns täglich, ein definiertes Denkmuster benutzend; um mit unserem Verhalten auf der sicheren Seite zu sein, setzen wir das kritische Denken außer Kraft; wir fürchten den Fehler, fürchten, abgewiesen zu werden, fürchten zu denken; wir wagen nichts, verbannen die Initiative, den Willen; mit genormten Mustern folgen wir dem Strom, funktionieren mechanisch, eignen wir uns ein verdrehtes Bewusstsein, unverhältnismäßige Gefühlesreaktionen, eine gelenkte Wertevorstellung an.

Die passive Akzeptanz von Gegebenheiten ist ausreichend, um uns zu kontrollieren, uns zu leiten, unsere Trägheit allein reicht aus, um uns zu manipulieren.

Sicherlich brechen einige aus. Einige bleiben unbeugsam. Mal mit Tücke, mal mit Gewalt eignet der Feind sich Boden an, verkündet Triumphe. Weil...

Wenn wir nicht marschieren, geraten wir nicht in einen Hinterhalt, ohne Widerstand treffen wir nicht auf Hindernisse und wenn wir nicht kämpfen, erleben wir auch keine Niederlage. Aber...

Einige wenige Gefangene bestimmen nicht den Ausgang einer Schlacht und wenn eine Schlacht verloren geht, so ist damit nicht auch der Krieg verloren.

Eine neutrale Bombe schuf derartige Risse im System, dass Ausweglosigkeiten und Praktiken sichtbar wurden, die seinen moralischen Abgrund aufzeigten, wenn eine »gefallende Eiche« der politische Gegner arrogant und ungeduldig zerfetzt wird.

Setzt Folter- und Verhörmethoden vom Typ Guantanamo an jemandem um, der in Stücke gesprengt wurde, gestorben ist, aber leben muss, damit er ihnen unterzogen werden kann.

Demokratie, Verfassung, Gesetz, Justitia. Schöne Worte, Institutionen, die Wohlstand versprechen und der Ausbeutung und Erniedrigung dienen.

Ein Einparteiensystem, mit dem Alibi der kapitalismusinternen Widersprüche; eine Überkonzentration der Macht, für die Überkonzentration des Kapitals.

Ein heuchlerisches System, das als solches unvermeidlich Bedienstete anzieht, die versprechen, was die Worte versprechen, aber ausführen, was immer den Interessen der Herrschenden dient.

Ein Strickwerk aus Gesetzen, nach ihrem Maß zugeschnitten und zusammengenäht, sichert die Ungleichheit; die judikative Gewalt hütet sie, all jene streng bestrafend, die das Unrecht verletzen.

Parteiische all-round Experten, Steigbügelhalter des Systems, mit einer ihren Leidenschaften untergebenen Logik, stellen als selbstverständlich für die Worthülsen dar, was immer diese vorgeben und begnügen sich mit der Interpretation eines Dudens. Aber wie will der Staat anders als mit Gewalt seine Herrschaft denjenigen aufzwingen, die für bessere Ausbeutungsbedingungen kämpfen? Seine Stütze, die judikative Gewalt, wie wird er sie aufzwingen, wenn nicht mit der Drohung der Waffen? Und ist dies nicht die Bedeutung des Begriffs »Terrorismus«?

Solange wir den Worten glauben, solange wir die Realität ignorieren, so lange werden wir uns fragen, warum jemand einen anderen Weg wählt. Sosehr wir die Ursachen ignorieren, so sehr werden auch die Fragen und der Widerstand zunehmen; in dem Maße, in dem wir die Ursachen erforschen, werden Angeklagter und Ankläger ihre Rollen tauschen.

Juristische Nachbemerkungen

Man nimmt gemeinhin an, dass die Gesetze der jedem Staat innewohnenden Tendenz zu Überreaktionen und Vergeltung Grenzen setzen. Gesetze garantieren Rechte gerade auch für diejenigen, die Gesetze übertreten. Nur, dass die Durchsetzung dieser Gesetze eben genau wieder dem Staat obliegt. Ein offensichtliches Dilemma, das jedes Mal zum Ausdruck kommt, wenn der Staat sich mit eingeschworenen Gegnern wie beispielsweise der »Revolutionären Organisation 17. November« (17N), konfrontiert sieht.

Und so wurden all diejenigen, denen man eine Mitgliedschaft in der 17N vorwarf, nach eigens dafür geschaffenen, maßgeschneiderten Regeln »gerichtet« und verurteilt. Dazu zählt nicht nur die 2001, also 27 Jahren nach der ersten Aktion der 17N verabschiedete Verordnung über den Ausschluss von Geschworenen aus diesem Gerichtsverfahren, obwohl zum Zeitpunkt der Anschläge ein Gericht aus drei Berufsrichtern und vier Geschworenen zuständig gewesen wäre.

Schwerwiegender ist, dass nach der Verhaftung der Angeklagten ein spezielles Gerichtswesen institutionalisiert wurde, wonach die nun allein zuständigen Berufsrichter nicht wie sonst üblich aus der Gesamtheit aller Richter, sondern aus einer Liste mit für diese Aufgabe ausgewählten Richtern ausgelost wurden. Gleichzeitig wurden die Rechte der Angeklagten, den Ausschluss bestimmter Richter zu beantragen, eingeschränkt.

Die Öffentlichkeit wurde vom Verfahren faktisch ausgeschlossen. Fernsehkameras und (bis auf wenige Ausnahmen in den Sitzungspausen und mit Sondergenehmigung des Vorsitzenden Richters) auch Fotoapparate durften nicht in den Gerichtssaal. Selbst die Veröffentlichung von Tonmitschnitten wurde verboten, so dass nur Abschriften weniger Szenen (die Schlussreden von Angeklagten) »illegal« in geringer Auflage kursierten. Auch der Zugang zum Gerichtssaal war dem Publikum eigentlich verwehrt, da der Prozess weit außerhalb des Stadtzentrums in einem Gefängnis und unter »Hochsicherheitsbedingungen« stattfand.

Wer es trotzdem wagte, eine der Sitzungen zu verfolgen, hatte sich einer vierfachen Kontrolle durch Röntgenschleusen und Sprengstoffdetektoren zu unterziehen, war den indiskreten Fragen der Wächter ausgesetzt (Was willst Du hier? Warum interessierst Du dich für den Prozess? ...) und seine Personalien wurden in einem eigens dafür angelegten Dosier festgehalten.

Im Falle von Savvas Xiros, der »auf frischer Tat« festgenommen wurde, als ihm eine Bombe in der Hand explodierte, hat der Staat jede Grenze überschritten. Vom ersten Moment an wird unerbittlich die staatliche Gewalt am Körper des zwischen Leben und Tod schwebenden Verwundeten ausgeübt. Wir haben Dutzende Verletzungen fundamentaler gesetzlicher Garantien und Rechte, wie sie in der Verfassung, der Europäischen Menschenrechtskonvention und dem Strafgesetzbuch festgeschrieben sind, gezählt.

Auserlesene Papageien aus juristischen Kreisen und der Hierarchie der Richter erklärten bereitwillig, dass der auf frischer Tat ertappte Bombenleger gar nicht »festgenommen« worden wäre. Man hätte ihn bloß mit mehreren hundert schwerbewaffneten maskierten Polizeibeamten und Geheimdienstagenten »geschützt« (vor was eigentlich?) – ein »Schutz« bei dem ihm jeglicher Kontakt verboten und Rechtsanwälten, engsten Angehörigen und sogar seiner Lebensgefährtin der Zutritt zu dem Krankenhaus, in dem er lag, verwehrt wurde. Da er ja (angeblich) gar nicht »festgenommen« wurde, konnte auch keine Rede von der Inanspruchnahme der für Festgenommene verbrieften Rechte und Rechtsgarantien sein. Die Mönche im Mittelalter, die Enten zu Fischen umtauften, um das Fastengebot zu umgehen, waren im Vergleich dazu wesentlich weniger gefährlich, weil sie für die Befriedigung ihrer fetten Bäuche nur Gefahr liefen, in der Hölle zu schmoren, während ihre modernen Epigonen eine ganze Gesellschaft zurück ins Mittelalter führen.

Innerhalb weniger Stunden nach der Festnahme von Savvas Xiros wurde auf europäischem Boden die Intensivstation eines Krankenhauses in eine moderne Folterkammer umgewandelt: eine Art Filiale von Guantanamo im Zentrum Athens mit Wissen sowohl der Politik als auch der Justiz und mit 24stündiger medialer desinformierender Begleitung für die nächsten 2 Monate.

Bei solchen Methoden reichen, wie sich später beispielsweise im Fall der nach den Anschlägen in London unter Regie des britischen Geheimdienstes in Athen entführten 27 Pakistanern oder noch schlimmer im Fall des von der britischen Polizei erschossenen Brasilianer Jean Charles Menezes gezeigt hat, eine »Information« und zwei Zufälle und jeder X-Beliebige kann sich in einer derart entsetzlichen Lage wiederfindet.

Die Durchsetzung der »Neuen Weltordnung« auf globaler Ebene durch den Westen – mithilfe der neuen globalisierten Art der Ausbeutung – wirft nicht nur mit der Anzettelung des »Krieges gegen den Terror«, der in Asien und Afrika wütet, sondern auch mit der kontinuierlichen Verabschiedung von »Anti-Terrorgesetzen«, die individuelle Rechte und Freiheiten der Völker in Europa und Amerika beschneiden, den gesellschaftlichen Prozess zurück in das Zeitalter vor der Aufklärung, die Fundamente der sogenannten »Europäischen Zivilisation« untergrabend.

Die faktische Abschaffung des demokratischen Dialogs durch das Verbot – bisher legaler – Formen des Protestes und der öffentlichen Äußerung von Forderungen und die fortschreitende Akkumulation von Zuständigkeiten und Macht in den Händen der Antiterror-Einheiten der Polizei und der Geheimdienste führen zu immer autoritäreren Herrschaftsformen, deren unausweichliche Folge heftige Auseinandersetzungen sein werden.

Giorgos Goudonas, Verteidiger im 17N Prozess

Linke Literatur im Netz
www.che-chandler.com

Che & Chandler bietet den umfassensten Überblick über die linke Literatur im deutschsprachigen Raum. Neue und antiquarische Titel.

Auf der Webseite findet mensch:

Bequeme Volltextsuche
200 Literaturgebiete erleichtern den Überblick
Listen können sofort ausgedruckt werden
Bestellungen direkt über den Warenkorb
Menschen ohne Internet schicken wir auch
Literaturlisten und Kataloge zu.

Che & Chandler   Breite Str. 47   53111 Bonn
Tel.: 0228/632366 Fax: 0228/634968
info@che-chandler.com

www.jungewelt.de

... den Hammer schmieden

P. Bakker Schut:
Stammheim
Der Prozeß gegen die Rote Armee Fraktion
Die notwendige Korrektur der herrschenden Meinung

693 S., Br., 29,95
3-89144-247-5

Der Stammheim-Prozeß und die als »Selbstmorde« hingestellten Todesfälle von Meinhof, Baader, Ensslin, Raspe haben wie kaum ein anderes innen- und rechtspolitisches Ereignis, abgesehen vom KPD-Verbotsprozeß, das Gesicht der Bundesrepublik verändert – zum Negativen.

Der niederländische Rechtsanwalt Pieter H. Bakker Schut, einer der Verteidiger der Angeklagten, legt mit dieser Abhandlung eine juristisch-politische Analyse des Stammheimer Prozesses und seiner Vorgeschichte vor.

Stammheim ist eben nicht nur ein klassisches Beispiel eines politischen Prozesses, bei dem ein justizförmiges Verfahren politischen Zwecken dienstbar gemacht wird. In Stammheim sollten Angeklagte nicht nur in einem Schauprozeß mit allen Mitteln staatlicher Machtentfaltung zur Strecke gebracht werden. Stammheim war nicht nur die Abrechnung der Herrschenden mit jenen, die ihnen den bewaffneten Kampf angesagt hatten. Sicher, all das war Stammheim auch.

Stammheim ist der Ort, an dem zum ersten Mal in der Justizgeschichte der BRD die Grundsätze der präventiven Aufstandsbekämpfung wissenschaftlich erprobt wurden: von den Isolationsprogrammen made in USA bis hin zum Bau eines Prozeßbunkers auf dem Gefängnisgelände, vom manipulierenden Gerichtsvorsitzenden bis hin zum offenen Gesetzesbruch durch Abhören der Verteidigergespräche und der Gefängniszellen, von der Zerschlagung der Verteidigung durch Sondergesetze, Verteidigerausschlüsse, Verhaftungen und Berufsverbote bis hin zur Verhängung totaler Kontaktsperre.